영적 감수성을 키우는
켈틱 명상

Celtic Meditations
Moments of Thanksgiving, Invitation to Eucharist
by Edward J. Farrell

Published by Dimension Books
Denville, New Jersey

Copyright © 1976 by Edward J. Farrell

영적 감수성을 키우는 켈틱 명상
초판발행 | 2019년 6월 6일
지은이 | 에드워드 J. 패럴 신부
옮긴이 | 양재오 신부
발행인 | 박찬우
편집인 | 우 현
펴낸곳 | 파랑새미디어

등록번호 | 제313-2006-000085호
서울특별시 마포구 서교동 357-1 서교프라자 318
전화 | 02-333-8311
팩스 | 02-333-8326
메일 | adam3838@naver.com

ⓒ Edward J. Farrell
가격 : 12,000원
ISBN : 979-11-5721-110-4 03230

celtic meditations

영적 감수성을 키우는

켈틱 명상

에드워드 J. 패럴 신부 지음

양재오 신부 옮김

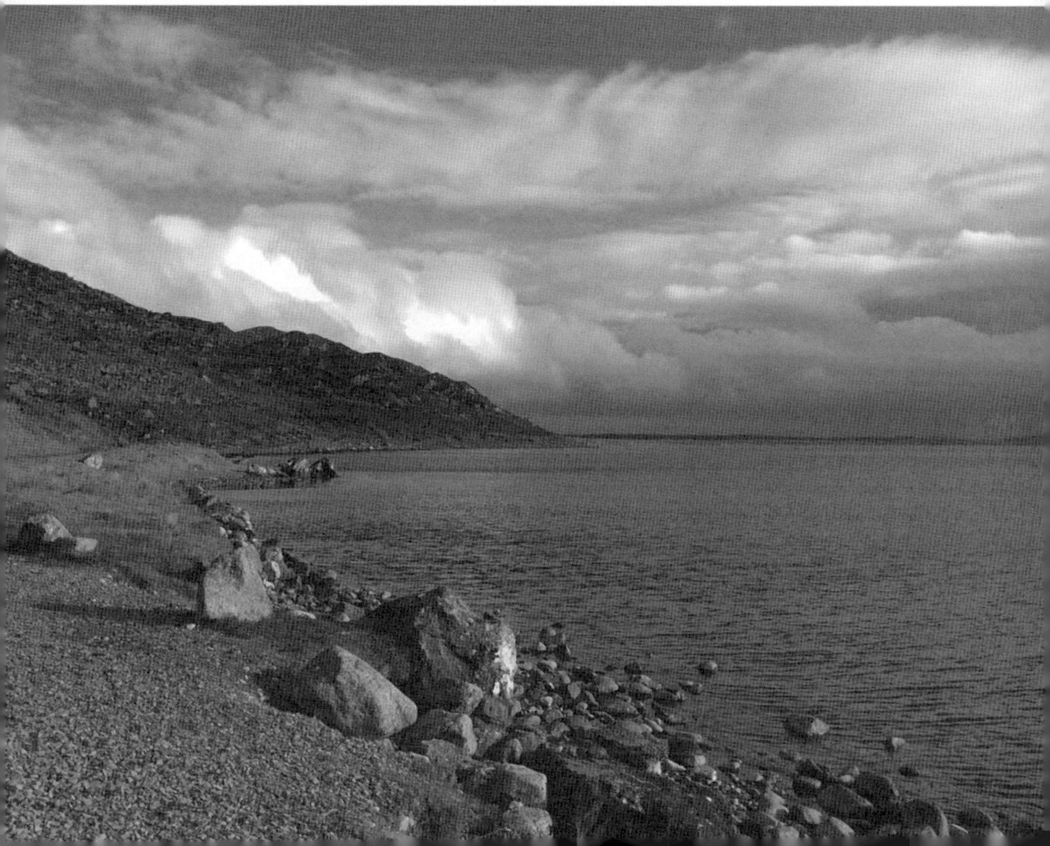

차례

일러두기 ··· 06

들어가는 말 ··· 08
바드리시오 성인의 「가슴을 가리는 갑옷」 ·········· 12
창조주의 피조물에 대한 찬가 - 시편 104편 ······· 14
해 ··· 17
숨, 공기, 바람, 성령 ··································· 23
땅 ··· 30
물 ··· 37
세 젊은이의 찬가 ······································· 43
학문과 연구 ·· 47
사막, 침묵, 고독 ·· 54
꽃 ··· 64
빵 ··· 71
포도주 ·· 79
욥 ··· 84
뒤 늦게 당신을 사랑했습니다 ······················· 88
어린이들 ··· 90
가족, 친구들 ··· 98
세상 사람들 ·· 108

기쁨	116
태양의 찬가	124
늘 기도하십시오	126
여행	128
앉아있음	131
잠	135
걷기	138
어두움	142
음식에 대한 명상	147
발 씻기[세족례]	151
불에 대한 명상	155
사물을 가지고 명상하기－성사적 감각을 증진시키는 연습	158
손에 대한 명상－공동체 구현하기	162
조배－나는 너와 함께 있다	167
내맡김[포기]－자신의 기도를 경청하는 연습	173
켈틱 명상[본문에 실린 사진 설명]	179
옮기고 나서	182
부록_켈트족 그리고 켈트 토양_글 양재오	186

일러두기
_____

이 책에 실린 글[주제] 대부분의 본문 앞에 주제와 관련된 성경 구절들이 충분히 선별되어 실렸다.

본문 앞에 수록된 성경 구절들을 읽은 뒤에 본문을 읽어도 무방하지만, 해당 글의 본문을 먼저 읽어 보기를 권한다. 그리고 해당 본문과 관련하여 좀 더 깊이 음미하거나 묵상하고 싶을 때, 그곳에 수록된 관련 성경 구절들을 적절히 활용할 수 있을 것이다.

이 책에 실린 성경 구절은 200주년 성경에서 취했다. 그리고 본문에서 인용한 성경 구절 가운데 문맥을 고려하여 축약한 곳도 있고 다듬은 곳도 있다.

들어가는 말

　이 책에 실린 명상에 관한 글은 '켈틱(Celtic)' 명상이라 불린다. 왜냐하면 그것은 "나와 함께 하시는 그리스도, 내 앞에 계신 그리스도, 내 뒤에 계신 그리스도"라는 켈틱 영성과 전통에 기반을 둔 바드리시오 성인(St. Patrick)의 옛 기도와 깊이 공명하기 때문이다. 여기에 실린 글은 준성사들(the Sacramentals)과 각종 축복문(blessings)과 일상과 관련된 기도에 대한 명상이라 불릴 수도 있다.

　　모든 것이 그분을 통하여 생겨났고
　　그분 없이 생겨난 것은 하나도 없습니다.(요한1, 3)

　　정녕 당신께서는 제 속을 만드시고
　　제 어머니 배 속에서 저를 엮으셨습니다.
　　제가 오묘하게 지어졌으니 당신을 찬송합니다.
　　당신의 조물들은 경이로울 뿐,
　　제 영혼이 이를 잘 압니다.(시편139, 13-14)

　모든 것이 그분으로부터 나오며, 우리를 그분에게 돌아가도록 한다. 모든 존재는 그분의 자취를 지니고 있다. 모든 것에 그분의 숨은 뜻이 깃들어 있다. 모든 것에서 그분의 영광과 그분의 신비와 그분의 사랑의 빛이 퍼져나온다. 모든 것이 우리를 이끌어들여 그것들을 관상하고, 그 은밀한 기도를 경청하도록 한다.

나는 주님께 노래하리라, 내가 사는 한.
나의 하느님께 찬미 노래 부르리라, 내가 있는 한.
내 노래가 그분 마음에 들었으면!
나는 주님 안에서 기뻐하네.(시편104, 33-34)

주 하느님께서는 흙으로
들의 온갖 짐승과 하늘의 온갖 새를 빚으신 다음,
사람에게 데려가시어
그가 그것들을 무엇이라 부르는지 보셨다.
사람이 생물 하나하나를 부르는 그대로 그 이름이 되었다.
(창세2, 19)

이름을 짓고 부르는 것은 관상하는 것이고(to name is to contemplate), 하느님의 영광을 경험하는 것이고, 사람에게 자신을 건네시는 하느님을 알아뵙는 것이고, 아무도 뵐 수 없는 하느님을 뵙게 해주고, 당신 백성에게 나타내 보이시는 것이다.

하느님께서 보시니 손수 만드신 모든 것이 참 좋았다.(창세1, 31)

빵과 포도주의 봉헌 안에서 자신을 봉헌하시는 예수님은 모든 것을 창조하시는 아버지[하느님]께 돌아가시고, 모든 것이 변용되고 성화되도록 하신다.

생명의 샘이시며 지선하신 아버지께서는 만물을 창조하시어
온갖 복을 가득히 내려주시고 밝은 빛으로 기쁨을 주시나이다.
… 저희도 그들과 함께 하늘 아래 모든 조물과 더불어 기뻐하며
아버지의 이름을 찬송하나이다.
거룩하시도다! 거룩하시도다! 거룩하시도다! …

모든 피조물과 함께 우리 주 그리스도를 통하여
아버지를 찬양하게 하소서.
아버지께서는 우리 주 그리스도를 통하여
세상에 온갖 좋은 것을 다 베풀어 주시나이다.

— 성찬 기도 제 4양식 가운데서

각종 준성사(sacramentals)는 모든 성사의 원형으로 우리를 사랑하는 '하느님의 사랑'이신 '예수님'에게서 뿜어져 나오는 반사된 빛이고, 반추이고, 초대이고, 찬미하도록 우리를 부르시는 것이고, 경배이고, 관상이고, 기도이다. 성체(the Eucharist)는 빛 곧 죽음에 이르기까지 우리를 사랑하시고 부활하신 예수님의 빛으로 모든 피조물을 비추고 변모시킨다. "그분은 스쳐 지나가며 단지 그분의 눈길로 그들에게 그분의 영광의 옷을 입히셨다."(십자가의 성 요한)

이러한 명상들은 경청하고, 반추하고, 발견하고, 창조하도록 하는 초대들이고, 제안들이고, 가능성이고, 기회이다. 이러한 것들은 평소 우리가 제대로 주의를 기울이지 않지만 실제로 우리에게 매우 밀접하고, 우리의 삶에서 많은 부분을 차지하는 일상의 것들과 일상사에 초점을 맞춘 하느님의 말씀이다. 이러한 것들은 어떤 의미에서 성경 묵상이고, 하느님의 영이 가득 찬 인간의 언어이다.

사실 하느님의 말씀은 살아있고 힘이 있으며
어떤 쌍날칼보다도 날카롭습니다.
그래서 사람 속을 꿰질러 혼과 영을 가르고 관절과 골수를 갈라,
마음의 생각과 속셈을 가려냅니다. (히브4, 12)

어려서부터 성경을 잘 알고 있습니다.
성경은 그리스도 예수님에 대한 믿음을
통하여 구원을 얻는 지혜를 그대에게 줄 수 있습니다.
성경은 전부 하느님의 영감으로 쓰인 것으로,
가르치고 꾸짖고 바로잡고 의롭게 살도록 교육하는데에 유익합니다.
그리하여 하느님의 사람이 온갖 선행을 할 능력을 갖춘 유능한 사람이 되게 해줍니다. (2디모3, 15-17)

바드리시오 성인 St. Patrick

바드리시오 성인의 「가슴을 가리는 갑옷」

나는 오늘 권능이 있는 성삼(聖三)의 기도로,
삼위(三位)에 대한 믿음으로,
창조주를 향한 일체(一體)께 대한 고백으로,
하루를 시작합니다.

풍성한 보상을 받을수 있도록,
독의 중독에서, 타오르는 불에서,
물에 빠져 익사할 위험에서, 부상의 위험에서,
오늘 나를 지켜주시는 그리스도.

나와 함께 하시는 그리스도,
내 앞에 계시는 그리스도, 내 뒤에 계시는 그리스도,
내 안에 계시는 그리스도,
내 밑에 계시는 그리스도, 내 위에 계시는 그리스도,
내 오른 편에 계시는 그리스도, 내 왼 편에 계시는 그리스도,
내가 눕는 곳에 계시는 그리스도,
내가 앉아 있는 곳에 계시는 그리스도,
내가 일어나는 곳에 계시는 그리스도,
나를 생각하는 모든 사람들 가슴 속에 계시는 그리스도,
나에 대하여 말하는 모든 사람들의 입에 계시는 그리스도,
나를 바라보는 모든 눈 안에 계시는 그리스도,
나를 듣는 모든 귀 안에 계시는 그리스도.

—성 바드리시오

\# 역주: 영어권에서 St. Patrick으로 불리며 널리 알려진 바드리시오 성인(St. Patricius)은 387년 경 영국에서 태어났다. 그는 14살 무렵에 해적들에게 잡혀가 아일랜드에서 목동으로 일하였다. 그가 스무 살 쯤 되었을 때, 꿈에 하느님이 그에게 지시한대로 바닷가로 나갔고, 거기서 만난 선원들의 도움으로 영국으로 돌아와 가족들과 재회하였다. 그는 영국에서 417년에 사제품을 받고, 이어서 432년에 주교로 축성된 뒤에, 자신이 젊은 시절 노예로 살았던 아일랜드로 돌아가, 거기서 지칠줄 모르고 주님의 복음을 전하여 많은 이들을 신앙에 귀의시켰다. 아일랜드에서 주님을 위하여 40년에 걸쳐 가난한 삶을 영위하고 많은 고통과 고초를 감내한 그는, 자신이 아일랜드에서 처음으로 세운 교회가 있는 솔(Saul)에서 461년 3월17일에 선종하였고, 다운패트릭(Downpatrick)에 있는 주교좌 성당에 묻힌 것으로 알려졌다.

바드리시오 성인은 겸손하고 경건하며 온화한 사람으로서, 하느님을 온전히 신뢰하고 그분께 자신을 완전히 봉헌하였다. 그러한 가운데 선교사로서 자신의 소명에 충실히 응답한 그는 어떠한 난관에 직면하고, 심지어 죽음의 위험에 직면해서도 두려워 하지 않는 불굴의 정신을 견지할 수 있었다. 그의 신앙과 영성이 담긴 대표적인 것 가운데 하나가 바로 여기 실린「바드리시오 성인의 가슴을 가리는 갑옷(胸甲, The Breastplate)」으로, 거기에 성인의 하느님을 향한 온전한 신뢰와 확고한 믿음이 잘 드러나 있고, 바드리시오 성인이 호흡했던 켈틱 영성의 숨결이 잘 배어있다.

창조주의 피조물에 대한 찬가 – 시편 140편

내 영혼아, 주님을 찬미하여라.
주 저의 하느님, 당신께서는 지극히 위대하십니다.
고귀와 영화를 입으시고 빛을 겉옷처럼 두르셨습니다.
하늘을 차일처럼 펼치시고 물 위에 당신의 거처를 세우시는 분.
구름을 당신 수레로 삼으시고 바람 날개 타고 다니시는 분.
바람을 당신 사자로 삼으시고 타오르는 불을 당신 시종으로 삼으시는 분.
그분께서 기초 위에 땅을 든든히 세우시어 영영세세 흔들리지 않는다.
당신께서 대양을 그 위에 옷처럼 덮으시어 산 위까지 물이 차 있었습니다.
당신의 꾸짖으심에 물이 도망치고 당신의 천둥소리에 놀라 달아났습니다.
당신께서 마련하신 자리로 산들은 솟아오르고 계곡들은 내려앉았습니다.
당신께서 경계를 두시니 물이 넘지 않고 땅을 덮치러 돌아오지도 않습니다.
골짜기마다 샘을 터뜨리시니 산과 산 사이로 흘러내려
들짐승들이 모두 마시고 들나귀들도 목마름을 풉니다.
그 곁에 하늘의 새들이 살아 나뭇가지 사이에서 지저귑니다.
당신의 거처에서 산에 물을 대시니
당신께서 내신 열매로 땅이 배부릅니다.
가축들을 위하여 풀이 나게 하시고
사람들이 가꾸도록 나물을 돋게 하시어 땅에서 빵을,
인간의 마음을 즐겁게 하는 술을 얻게 하시고
기름으로 얼굴을 윤기나게 하십니다.
또 인간의 마음에 생기를 돋우는 빵을 주십니다.

주님의 나무들,

몸소 심으신 레바논의 향백나무들이 한껏 물을 마시니

거기에 새들이 깃들이고 황새는 전나무에 둥지를 트네.

높은 산들은 산양들의 차지.

바위들은 오소리들의 은신처.

그분께서 시간을 정하노록 달을 만드시고 제가 질 곳을 아는 해를 만드셨네.

당신께서 어둠을 드리우시면 밤이 되어 숲의 온갖 짐승들이 우글거립니다.

사자들은 사냥거리 찾아 울부짖으며 하느님께 제 먹이를 청합니다.

해가 뜨면 물러나서 제 보금자리로 들어가고 사람은 일하러,

저녁까지 노동하러 나옵니다.

주님, 당신의 업적들이 얼마나 많습니까!

그 모든 것을 당신 슬기로 이루시어 세상이 당신의 조물들로 가득합니다.

저 크고 넓은 바다에는 수없이 많은 동물들이,

크고 작은 생물들이 우글거립니다.

그곳에 배들이 돌아다니고 당신께서 만드신 레비아탄이 노닙니다.

이 모든 것들이 당신께 바랍니다,

제때에 먹이를 주시기를.

당신께서 그들에게 주시면 그들은 모아들이고

당신 손을 벌리시면 그들은 좋은 것으로 배불립니다.

당신의 얼굴을 감추시면 그들은 소스라치고

당신께서 그들의 숨을 거두시면 그들은 죽어 먼지로 돌아갑니다.

당신의 숨을 내보내시면 그들은 창조되고

당신께서는 땅의 얼굴을 새롭게 하십니다.

주님의 영광은 영원하리라.

주님께서는 당신의 업적으로 기뻐하시리라.

땅을 굽어보시니 뒤흔들리고 산들을 건드리시니 연기 내뿜네.

해

하느님께서 말씀하시기를 "빛이 생겨라 하시자."
빛이 생겼다. (창세1, 3)

하느님께서 큰 빛물체 두 개를 만드시어,
그 가운데에서 큰 빛물체는 낮을 다스리고
작은 빛물체는 밤을 다스리게 하셨다. (창세1, 16)

그 곳에 해를 위하여 천막을 쳐 주시니
해는 신방에서 나오는 신랑같고
용사처럼 길을 달리며 좋아하네. (시편19, 5-6)

맑은 창공은 드높은 곳의 자랑이며
하늘의 모습은 찬란한 영광 속에 드러난다.
동이 틀 때 떠오르는 해는 놀라운 도구가 되어
지극히 높으신 분의 위업을 선포한다.
한 낮의 해는 땅을 메마르게 하니
누가 그 열을 견디어 내겠는가?
화덕에 풀무질하는 자는 뜨거운 열기 속에서 일을 하지만
해는 그 세 배나 되는 열기로 산을 달군다.
해는 그 불꽃 같은 열기를 내뿜고
그 강렬한 빛으로 눈을 멀게 한다.
해를 만드신 주님께서는 위대하시고
그분의 명령에 따라 해는 제 궤도를 바삐 돈다.
달은 제때에 맞춰 자리를 잡고
시간과 시대의 표징을 알려 준다.

축제의 표징도 달에서 나온다.
이 빛물체는 완전히 찼다가 기운다.
월이라는 말도 달에서 나오는데,
그 모양이 변하면서 차오르는 모습은 기묘하다.
달은 높은 곳에 진을 친 만군의 등대가 되어
하늘 창공에서 빛을 뿜어낸다.
하늘의 아름다움은 별들의 영광이고
별들은 주님의 드높은 처소에서 빛나는 장식이다.
거룩하신 분의 명령에 따라 그들은 정해진 자리를 지키고
한 번도 경계를 늦추는 법이 없다.
무지개를 바라보며 그것을 만드신 분을 찬미하여라.
그 찬란함은 매우 아름답다.
무지개는 영광스러운 호를 그리며 하늘을 가로지른다.
지극히 높으신 분의 손길이 그것을 펼쳐놓으셨다. (집회43,1-12)

하늘에 계신 너희 아버지께서는 악인에게나 선인에게나
당신의 해가 떠오르게 하시고,
의로운 이에게나 불의한 이에게나 비를 내려 주신다. (마태5,45)

예수께서는 그들 앞에서 모습이 변하셨는데,
그분의 얼굴은 해처럼 빛나고
그분의 옷은 빛처럼 하얘졌다. (마태17,2)

우리 하느님의 크신 자비로
높은 곳에서 별이 우리를 찾아오시어
어둠과 죽음의 그늘에 앉아 있는 이들을 비추시고
우리 발을 평화의 길로 이끌어 주실 것이다. (루카1,79)

모든 사람을 비추는 참빛이 세상에 왔다. (요한1,9)

그 생명은 사람들의 빛이었다.
그 빛이 어둠 속에서 비치고 있지만
어둠은 그를 깨닫지 못하였다. (요한1,5)

빛이 너희 곁에 있는 동안에 그 빛을 믿어,
빛의 자녀가 되어라. (요한12,36)

해가 질 때까지 노여움을 품고 있지 마십시오. (에페4,26)

그리스도께서 너를 비추어 주시리라. (에페5,14)

여러분을 어둠에서 불러내어
당신의 놀라운 빛 속으로 이끌어 주신 분. (1베드2,9)

여러분의 마음속에서 날이 밝아 오고 샛별이 떠오를 때까지,
어둠 속에서 비치는 불빛을 바라보듯이
그 말씀에 주의를 기울이는 것이 좋습니다. (2베드1,19)

그분께서 빛 속에 계신 것처럼 우리도 빛 속에서 살아가면,
우리는 서로 친교를 나누게 됩니다. (1요한1,7)

어둠이 지나가고 이미 참빛이 비치고 있기 때문입니다. …
자기 형제를 사랑하는 사람은 빛 속에 머무릅니다. (1요한2,8)

나는 그에게 샛별을 주겠다. (묵시2,28)

지금 하늘에 큰 표징이 나타났습니다.
태양을 입고 발밑에 달을 두고
머리에 열두 개 별로 된 관을 쓴 여인이 나타난 것입니다. (묵시12,1)

그리고 그 도성은 해도 달도 비출 필요가 없습니다.
하느님의 영광이 그곳에 빛이 되어 주시고
어린양이 그곳의 등불이 되어 주시기 때문입니다. (묵시21,23)

다시는 밤이 없고 등불도 햇빛도 필요 없습니다.
주 하느님께서 그들의 빛이 되어 주실 것이기 때문입니다. (묵시22,5)

"지고한 곳에 계신 분이 떠오르는 태양으로, 어두움과 죽음의 그늘에서 살고있는 우리를 찾아 오신다."

새벽의 고요함! 아무도 새벽의 정적, 그 깊은 침묵을 알아 들을 수 없다. 내가 아무리 주의를 기울여 집중을 해도 그러한 새벽을 붙잡아 둘 수 없다. 어두움은 용해되고 일순간에 모든 것을 투과해서 몰래 빠져나간다.

해는 아이들과 어울려 놀이를 하고, 그 웃음소리는 창문을 통해 들려오며, 거울 마다 그것들이 부딪쳐 춤을 춘다, 심지어 골똘히 생각에 잠긴 이에게도. 그것은 천장에다 무지개를 만들고, 튀어올라 벽에 드리워진 그늘을 흩어뜨린다.

해는 모든 얼굴에 입맞춤하고, 모든 가슴을 쓸어 안아 들어올리고, 놀라서 참을 수 없는 웃음을 토해내도록 하며, 앞을 못보는 이들을 따뜻이 감싼다. 한 겨울의 해는 그 얼마나 믿음직스러운지. 그것은 가난한 이들의 특별한 보호자이고, 때때로 그들의 유일한 친구이며 위로자로서 그들의 부서진 유리 조각에 무지개를 펼쳐놓는다.

원시 시대의 태양 숭배자들, 그리고 아즈텍과 이집트의 태양 숭배자들에게는 그 무언가가 있다. 새벽을 물들이며 떠오르는 해는 깊디 깊은 경외심과 경이로움으로 가득 찬 셀 수 없이 많은 그 가슴과 가

슴 속에 가라 앉았으리라. 얼마나 많은 이들이 언어의 표층으로부터 떠나고, 또 얼마나 많은 이들이 침묵 중에 친밀한 기도를 하는 이들이 되었을까. 미련이 있는 듯 머뭇거리던 석양의 마지막 가녀린 햇살은 사라졌다. 이제 더 이상 태양 숭배자들이 없는가!

인위적으로 만든 빛과 열과 에너지는 우리가 해에 전적으로 의존하여 사는 존재라는 것을 잊어버리도록 했다. 어느 날 돌연히 해가 떠오르지 않고, 지구가 그 둘레를 돌지 않는다고 생각해보자. "지구의 모든 어두움은 그 자신의 그늘에 의하여 만들어졌다." 해가 있음으로 지구는 그 궤도를 확보하며, 지구의 생명을 존속시키고 모든 것을 번성하게 하는 에너지를 얻을 수 있다. 해의 그 선물과 기적을 발견하는데 얼마나 오랜 시간이 걸리는지. 또한 그것이 기도와 성사(sacrament)가 되기까지 얼마나 오랜 시간이 걸리는지.

그것에 대한 우리의 무지나 이해와 상관없이 해는 얼마나 충실한지! 해는 아담과 이브에서 오늘날에 이르기까지, 카인과 아벨에서 당신과 나에게 이르기까지 참을 수 없는 우리 인간의 죄의 역사, 전쟁, 비인간성에 대하여 아마 틀림없이 지쳐있을 것이다.

같은 해가 사람의 아들[人子]을 바라보았을 때 얼마나 기뻐할까! 또 그 아들의 그 어떤 모습이 우리 안에 깃들어 반사 되었을 때 해는 얼마나 기뻐할까!

해는 계절마다 그 독특한 광채를 가지고 있다. 한 겨울의 눈과 여름날의 반짝임, 가을 낙엽과 봄 꽃.

해는 우리 생애 하루하루, 곧 어린 시절부터 노년기까지, 기쁠 때나 슬플 때를 막론하고 우리를 동반한다.

해는 매일 모든 민족을 하나의 빛 아래 일치시키며, 산에서 산까지 대양에서 대양까지, 로키에서 히말라야와 알프스와 안데스까지, 태

평양에서 인도양과 지중해와 대서양과 북극해에 이르기까지 매일 온 세계를 접촉하고 어루만진다. 매일 같은 해가 산과 산에서 놀고, 대양과 대양에서 춤을 춘다.

해는 매일 도시마다 가정마다 그의 축복을 내린다.

해는 살아있는 만다라(mandala)이고, 전 인류의 구체(球體)이고 완전성의 원형이고 전체이고 완성이다. 해는 가장 보편적이고 우주적인 상징이고 의식이고 무의식이며, 가장 매혹적이고 기쁨을 주는 미학적 형상이고 형태이다. 그것은 달과 지구와 눈물과 이슬 방울, 입과 눈, 인간의 신체의 구면과 곡면, 포옹하는 인간의 원형이다. 해, 지구, 성체성사의 둥근 빵[면병,麵餠]은 그들의 우주 궤도들과 혼합되어 있다.

예수님은 해의 가장 풍부한 상징을 그분의 부활로 성취시킨다. 창조의 첫 새벽이래 해가 기다리고 있는 것이 그것이다. 마태오에서 "그리고 새벽을 향하여", 마르코에서 "그리고 매우 이른 아침에", 루카에서 "첫 새벽에" "예수는 죽음으로부터 일어났다", "권세를 비추는 한 빛"(요한1,5). 해는 그분이 암흑과 죄와 죽음의 세계를 극복하고 "그분이 곧 오실 것"(묵시22,20)이라는 매일의 약속이다. 해는 매일 거행되는 성체성사(Eucharist)의 예표이다. "해가 떠오를 때부터 해질녁까지 모든 민족 가운데서, 희생의 향이 내 이름으로 봉헌되는 어느 곳에서든지 내 이름은 현양된다." 해는 모든 제대 위에 있는 첫 번째 촛불이다. 매일 새벽 현시되고 황혼 때 마다 거두어지며, 영원한 불과 빛으로 "그분을 경배하러 오라"고 우리를 초대한다.

숨, 공기, 바람, 성령

하느님의 영이 그 물 위를 감돌고 있었다. (창세1,2)

주 하느님께서 흙의 먼지로 사람을 빚으시고,
그 코에 생명의 숨을 불어넣으시니,
사람이 생명체가 되었다. (창세2,7)

하느님, 깨끗한 마음을 제게 만들어 주시고
굳건한 영을 제 안에 새롭게 하소서.
당신의 거룩한 영을 제게서 거두지 마소서.
당신 구원의 기쁨을 제게 돌려주시고
순종의 영으로 저를 받쳐 주소서.
하느님께 맞갖은 제물은 부서진 영 (시편51편 가운데서)

그들이 한낱 살덩어리임을,
가면 돌아오지 못하는 바람임을 기억하셨다. (시편 78, 39)

당신께서 그들의 숨을 거두시면
그들은 죽어 먼지로 돌아갑니다.
당신의 숨을 내보내시면 그들은 창조되고
당신께서는 땅의 얼굴을 새롭게 하십니다. (시편 104, 29-30)

당신 얼을 피해 어디로 가겠습니까?
당신 얼굴 피해 어디로 달아나겠습니까? (시편 139, 7)

당신께서는 저에게 생명과 자애를 베푸시고
저를 보살피시어 제 목숨을 지켜 주셨습니다. (욥 10, 12)

당신의 영을 되돌리시고 당신의 입김을 도로 거두시면
모든 육체는 다 죽어가고 사람은 티끌로 돌아간답니다. (욥 34, 14)

주님의 영은 온 세상에 충만하시다. (지혜 9, 17)

먼지는 전에 있던 흙으로 되돌아가고
목숨은 그것을 주신 하느님께로 되돌아간다. (코헬 12, 7)

나는 그들 안에 새 영을 넣어 주겠다.
그들의 몸에서 돌로 된 마음을 치워버리고
살로 된 마음을 넣어 주겠다. (에제 11, 1)

바람을 그 곳집에서 끌어내시는 분 (시편 135, 7)

당신 말씀 보내시어 저들을 녹게 하시고
당신 바람을 불게 하시니 물이 흐른다. (시편147, 18)

저를 바람에 실어 보내시고 폭풍 속에 내팽개치셨습니다. (욥30, 22)

크고 강한 바람이 산을 할퀴고 주님 앞에 있는 바위를 부수었다.
그러나 주님께서는 바람 가운데에 계시지 않았다.
바람이 지나간 뒤에 지진이 일어났다.
그러나 주님께서는 지진 가운데에도 계시지 않았다.
지진이 지나간 뒤에 불이 일어났다.
그러나 주님께서는 불 속에도 계시지 않았다.
불이 지나간 뒤에 조용하고 부드러운 소리가 들려왔다. (1열왕19, 11-12)
예수님께서 깨어나시어 바람을 꾸짖으시니
··· 바람이 멎고 아주 고요해졌다. ···
바람과 호수까지 그 분에게 복종하였다. (마르4, 39-41)

그 분이 그들이 탄 배에 오르시니 바람이 멎었다. (마르6, 51)

바람은 불고 싶은 데로 분다.
너는 그 소리를 들어도 어디에서 와 어디로 가는지 모른다.
영에서 태어난 이도 다 이와 같다. (요한3, 8)

이렇게 이르시고 나서 그들에게 숨을 불어넣으며 말씀하셨다.
"성령을 받아라," (요한20, 22)

그런데 갑자기 하늘에서 거센 바람이 부는 듯한 소리가 나더니,
그들이 앉아 있는 온 집 안을 가득 채웠다. (사도2, 2)

대기(大氣.air)에 대하여 영어로 쓰인 최상의 시는 제라르드 맨리 홉킨스(Gerard Manley Hopkins)의 미증유의 걸작 「우리가 숨쉬는 대기 같으신 복되신 동정녀」이다.

거칠 것 없는 대기여,
세계를 어루 더듬는 대기여,
어느 곳에서든 늘 나를 품고,
속눈썹 하나하나 머리카락 하나하나를
어루만지고 에워싼다.
도망치듯 흩뿌리며 고공 낙하하는
눈꽃 송이송이 틈새로 제 본향으로 돌아간다.
수없이 많은 그 송이송이 어레미를 쳐 골고루 잘 섞인
그 한 송이 송이의 숨,
꼭 필요한, 그래서 결단코 소진해버려서는 안 될,
양육의 기본요소,
고기나 음료보다 더 필요한 나의 그것
한 순간 순간의 나의 양식
내 생명의 법인 이 대기여,
한 존재는 그것으로 생명을 부지하나니
지금 그 숨을 쉬므로 그것을 찬미한다.

* * *

내 위에, 나를 에워싸고
내 고집 센 눈앞에 놓여있다,

달콤하고 흠결 하나 없는 창공과 더불어.
내 귓가를 어루만지듯 거기서 토해낸다,
하느님의 사랑, 생명의 대기,
인내와 참회와 기도를.
세상을 돌보는 대기, 있는 그대로의 대기여,
그대와 함께 상처 입은, 그대 안에 이끌려
본향을 품고, 그대의 자녀를 꼭 품는다.

히브리 사람들은 오늘날 우리가 사용하는 '영혼'이라는 개념이 없었다. 그들에게 생명의 원리는 '루아흐(ruah)' 곧 하느님의 숨이었다. 하느님은 인간을 흙의 티끌로 만드셨다. 그런 다음 그의 콧구멍에 생명의 숨을 불어넣었다. 하여, 그 루아흐[숨]는 언제나 하느님의 루아흐로 남아 있다. 사람이 죽을 때, 그의 육신은 흙으로 돌아가지만, 그의 루아흐는 하느님께로 되돌려진다. 오, 심오한 직관이여! 내가 사는 것은 그분이 내 안에서 숨을 쉬기 때문이다. 그분은 내 숨의 숨이요, 내 넋[魂]의 넋이시다. … 숨 쉬는 것은 모태 바깥 세상에서 이루어지는 생명의 가장 기본적 표징이다.

그러나 그와 같은 가장 본질적인 활동들은 보통 거의 희미하게 인식되거나 나타날 뿐이다. 어린아이들처럼 우리는 매섭게 추운 어느 겨울날 코끝이 찡하게 얼어붙을 것 같은 숨을 쉴 때에야 우리 자신이 숨을 쉬고 있다는 것을 비로소 자각한다. 수영을 배울 때, 자신을 제어하는 것은 물속에서 우리가 숨을 지탱할 때 비로소 시작되는 것이다. 달리기나 격렬한 운동은 우리의 숨을 짧고 가쁘게 한다, 혹은 우리는 단순히 숨을 몰아쉬기도 한다. 밤에 잠들기 위하여 우리는 우리 자신의 들고나는 숨의 율동[리듬], 아주 고요하고 가장 차분히 가라

앉은 생명의 율동에 주의를 집중하기도 한다.

우리는 대단히 민첩하게 도시의 공기와 시골의 공기, 산중의 '가벼운' 공기와 대양의 '무거운' 공기, 밤의 피곤한 공기와 아침의 상쾌한 공기, 오월의 춤추는 공기와 동지 섣달의 살을 에는 듯한 칼날 같이 시린 공기가 선명히 대비되는 것을 의식하게 되었다. "바람은 그가 불고 싶은 대로 분다. 당신은 그 소리를 들을 수 있을 뿐, 그것이 어디서 와서 어디로 가는지 말할 수 없다. 하느님의 거룩한 얼로 태어난 이들도 모두 그러하다."(요한3,8) 겨울 바람과 봄 바람, 그것은 어린이가 형용할 수 있는 언어 너머에 그리고 그의 부모가 생각할 수 있는 그 모든 어휘 저 너머에 있는 그의 첫 번째 신비체험이요 초월체험이다.

누가 바람에게 이름을 지어줄 수 있을까? 바람은 인간의 목소리를 압도하고, 그것에게 침묵을 명한다. 바람은 하느님의 권능의 호흡[숨]이요, 인간의 경외를 요구한다. 허리케인 혹은 토네이도 혹은 태풍이 지나가며 모든 것을 집어삼키는 것보다 더 강력한 것이 무엇인가? 봄의 미풍이 스치며 어루만지는 것보다 더 부드러운 것이 무엇인가? 그것은 우리의 하느님이시지 않은가!

대기는 두루 편재하고 모두가 공유한다. 우리는 그것을 생명을 지닌 모든 것, 곧 사람·동물·나무·풀·산·땅 자신과 함께 공유한다. 이런 대기 속으로 사람의 아들이 오셨다. 그분은 우리의 숨을 쉬셨다. 그리고 지금 우리는 그분의 숨을 쉬는데, 그것은 단지 허파의 숨이 아니라 영의 숨이다. 그분의 영을 우리에게 주시며, 그분은 숨을 쉬어 우리 가운데 현존하는 영원한 숨이시다. 그분이 주는 '숨[생명력]'은 그분의 부활한 삶이다. 그분의 부활 안에서 '마지막 아담'으로서 예수[사람의 아들]님은 '생명을 주시는 영'이 된다(1코린15,46). "그

리고 우리는 너울 벗은 얼굴로 거울을 보듯 주님의 광채를 바라보는 가운데 모두 우리가 비추는 모습에 따라 바뀌어 더욱 더 밝게 빛날 것이다. 이것이 영이신 주님의 일이다."(2코린3, 18) 그러므로 '모든 생명' 모든 거룩함은 거룩한 숨으로 일을 하시는 우리 하느님을 통하여 오신다(성찬기도 제3양식 참조).

땅

하느님께서 보시니 손수 만드신 모든 것이 참 좋았다. (창세1,31)

주 하느님께서 흙의 먼지로 사람을 빚으시고,
그 코에 생명의 숨을 불어넣으시니,
사람이 생명체가 되었다. (창세2,7)

주 하느님께서는 사람을 데려다 에덴 동산에 두시어,
그곳을 일구고 돌보게 하셨다. (창세2,15)

땅은 너 때문에 저주를 받으리라.
너는 사는 동안 줄곧 고통 속에서 땅을 부쳐 먹으리라. (창세3,17)

너는 먼지이니 먼지로 돌아가리라. (창세3, 19)

주님께서 말씀하셨다.
"이리 가까이 오지 마라.
네가 서 있는 곳은 거룩한 땅이니,
네 발에서 신을 벗어라." (탈출3, 5; 사도7, 33)

주님 것이라네,
세상과 그 안에 가득 찬 것들 누리와 그 안에 사는 것들 (시편24, 1)

주님의 자애가 땅에 가득하네. (시편35, 5)

당신께서는 땅을 찾아오셔서
물로 넘치게 하시어 더없이 풍요롭게 하십니다. (시편65, 10)

온 땅(세상)아, 하느님께 환호하여라.
이름의 영광을 노래하여라. 영광과 찬양을 드려라. …
온 땅(세상)이 당신 앞에 엎드려 당신께 노래하게 하소서. (시편66, 1-4)

그분의 영광은 온 땅(누리)에 가득하리라. (시편72, 19)

하늘은 기뻐하고 땅은 즐거워하며
바다와 그 안에 가득 찬 것들은 소리쳐라. (시편96, 11)

우리 하느님의 구원을 땅(세상) 끝들이 모두 보았다.
주님께 환성 올려라,
온 땅(세상)아.
즐거워하며 환호하여라. (시편98, 3-4)

주님, 당신의 업적들이 얼마나 많습니까!
그 모든 것을 당신 슬기로 이루시어
땅(세상)이 당신의 조물들로 가득합니다. (시편104,30)

예수님께서는 군중에게 땅에 앉으라고 분부하셨다. (마태15,36)

예수님께서는 땅에 침을 뱉고 그것으로 진흙을 개어
그 사람의 눈에 바르신 다음,
" … 가서 씻어라." 하고 그에게 이르셨다. (요한9,6)

그러나 예수님께서는 몸을 굽히시어
손가락으로 땅에 무엇인가 쓰기 시작하셨다. …
그리고 다시 몸을 굽히시어 땅에 무엇인가 쓰셨다. (요한8,6-8)

좋은 땅에 뿌려진 씨는 이러한 사람이다.
그는 말씀을 듣고 깨닫는다.
그런 사람은 열매를 맺는데,
어떤 사람은 백 배, 어떤 사람은 예순 배,
어떤 사람은 서른 배를 낸다. (마태13,23)

좋은 땅에 떨어진 것은,
바르고 착한 마음으로 말씀을 듣고 간직하여
인내로써 열매를 맺는 사람들이다. (루카8,15)

내가 진실로 진실로 너희에게 말한다.
밀알 하나가 땅에 떨어져 죽지 않으면 한 알 그대로 남고,
죽으면 많은 열매를 맺는다. (요한12,24)

그런 다음 앞으로 조금 나아가 땅에 엎드리시어 …
기도하셨다. (마르14,35)

예수님께서 고뇌에 싸여 더욱 간절히 기도하시니,
땀이 핏방울처럼 되어 땅에 떨어졌다. (루카22,44)

땅이 흔들리고 바위들이 갈라졌다. (마태27,51)

그분의 시신을 내려 아마포로 싼 다음 바위를 깎아 만든 무덤에 모시고,
무덤 입구에 돌을 굴려 막아 놓았다. (마태15,46)

그는 땅에 엎어졌다.
그리고 "사울아, 사울아, 왜 나를 박해하느냐?" 하고
자기에게 말하는 소리를 들었다. (사도9,4)

하늘이 열리고 큰 아마포 같은 그릇이 내려와
네 모퉁이로 땅 위에 내려앉는 것을 보았다.
그 안에는 네발 달린 짐승들과 땅의 길짐승들과 하늘의 새들이
모두 들어 있었다.
그때에 "베드로야, 일어나 잡아먹어라." 하는 소리가 들려왔다. …
"하느님께서 깨끗하게 만드신 것을 속되다고 하지 마라." (사도10,11-15)

세상이 창조된 때부터,
하느님의 보이지 않는 본성
곧 그분의 영원한 힘과 신성을 조물을 통하여 알아보고
깨달을 수 있게 되었습니다. (로마1,20)

사실 피조물은 하느님의 자녀들이 나타나기를 간절히 기다리고 있습니다.
피조물이 허무의 지배 아래 든 것은 자의가 아니라
그렇게 하신 분의 뜻이었습니다.
그러나 그것은 희망을 간직하고 있습니다.
피조물도 멸망의 종살이에서 해방되어,

하느님의 자녀들이 누리는 영광의 자유를 얻을 것입니다.
우리는 모든 피조물이 지금까지 다 함께 탄식하며
진통을 겪고 있음을 알고 있습니다. (로마8, 19-22)

우리는 그분의 언약에 따라,
의로움이 깃든 새 하늘과 새 땅을 기다리고 있습니다. (2베드3, 13)

나는 또 새 하늘과 새 땅을 보았습니다. (묵시3, 13)

대지 … 좋은 땅[흙] … 대지의 어머니.
그것은 땅에 대하여 가지고 있는 우리의 직관적 숭배의 표현이다. 모세에게 발설된 말씀의 반향은 결코 완전히 사라지지 않는다. "네 신발을 벗어라. 네가 서있는 곳은 거룩한 땅이다." 인도인(Hindus)은 "네 신발을 벗으면 땅은 거룩해진다."고 말하고 있다. 우리가 보는 땅과 사용하는 땅, 농부와 도로 건설자, 시인과 무덤을 파는 일꾼, 정원사와 어린이는 얼마나 다른가!

어린이와 흙은 얼마나 가까운지! 우리가 진흙과 모래로 빚어내는 창조성 안에서 얻어 누리는 기쁨과 즐거움이란! 흙은 어린이에게 얼마나 친근한지, 흙에 끌리고, 흙속에 묻혀 놀고, 흙과 하나 되는 어린이에게 대지의 어머니는 극도로 흥분하며 경탄한다. 대지의 '어머니들'은 얼마나 매혹적이고 기쁨인지, 또 얼마나 어린아이들을 귀여워하는지. 대지는 잠언의 지혜가 그러하듯이 어린아이를 포옹하여 감싼다. "나는 그의 곁에 있었다. … 매일 그를 기쁘게 하며, 그의 앞에서 놀기도 했고, 사람의 아들들과 함께 기뻐하며 그의 세상이라면 그 어느 곳에서도 놀아 주었다."(잠언8, 30) 어린이들이 풀밭에서 구르

거나 언덕[비탈]에서 굴러 내리는 모습을 보는 것을 우리는 얼마나 사랑스러워 하는지. 끝이 없는 호기심을 가지고 땅굴을 만드느라 흙을 파내고, 얼굴을 땅에 묻고 두 팔로 땅을 끌어안는 그 기쁨이란!

대지는 생동하고 살아있다. 그대와 내가 숨쉬듯 대지는 숨쉰다. 저 대양의 바닥에서부터 산 꼭대기에 이르기까지, 그것이 빙하로 덮여 있든 아스팔트로 덮여있든 대지는 숨을 쉰다. 대지는 끊임없이 성장한다. 산들을 들어 높히기도 하고 골짜기를 깊게 파기도 하며, 자신을 새롭게 한다. 오랫동안 성장한 골짜기는 여전히 새로운 것들을 낳아주며, 오랜 것보다 더 오래되었어도 오늘에 이르기까지 여전히 새롭다.

"하느님, 당신이 지어내신 것은 얼마나 다기다양한지요, 너무나도 지혜롭게 모든 것을 안배하십니다. 이 땅은 당신이 만드신 것들로 가득 채워져 있으니 말입니다."

"당신이 숨을 불어넣어 주시니 새로운 생명이 시작되고, 당신은 땅을 늘 새롭게 합니다." 지치지 않고 땅은 우리를 끊임없이 기른다. 풍요가 넘치도록 아낌없이 대지의 어머니는 우리를 먹인다. 대지는 자신의 생명으로 우리를 충실히 양육하지만, 한편으로 한 평생 매일 우리는 얼마나 게걸스럽게 대지의 어머니를 삼켜버리는지.

같은 땅이 가녀린 잎사귀를 가진 풀에서부터 천년 된 아메리카 삼나무에 이르기까지 실로 다양한 것들을 낳는다. 땅은 생명의 무한함을 지탱하고 생명을 주고, 그리고 생명을 되돌려 받는다. 땅은 그 자신의 법칙과 율동을 가지고 있다. 우리는 그것들을 경청해야 하고, 또 그것들을 존중해야 한다. 우리가 땅을 길들이지 않고, 땅이 우리를 길들인다. 우리가 땅을 재활용하지 않고, 땅이 우리를 재순환시킨다. 재의 수요일(Ash Wednesday)은 참으로 대지[땅]의 수요일(Earth Wednesday)이다.

땅은 우리에게 숨 쉬는 법을 가르치고, 우리가 숨을 쉬도록 해준다. 우리가 어느 우주 공간으로 가든지, 우리는 땅이 필요하다, 그것은 우리가 땅 없이는 생존할 수 없기 때문이다. 거대한 아메리카 삼나무가 땅에 뿌리를 내리고 있고, 대양에서 살고 있는 고래가 바다라는 환경을 떠날 수 없듯이, 우리 인간은 땅에 뿌리를 내리고 있다.

땅은 얼마나 참을성 있게 우리가 한평생 찍어내는 발자국들과 손자국들을 그 품에 지니고 가는지! 땅은 얼마나 우리가 편안히 쉬고 그 품에서 영원히 잠자도록 하며, 또 우리가 그것으로부터 받은 몸을 되돌려 주기를 기다리는지.

우리의 의식에 의하여 고무된 땅은 그 얼마나 성스러운지! 예수께서는 우리 각자가 겪는 땅의 체험을 하셨다. 그리고 우리가 "저희가 땅을 일구어 얻은 이 빵을" 그리고 "저희가 포도를 가꾸어 얻은 이 술을" 그분께 봉헌할 때 마다 그 체험이 지속된다는 것을 아는 것은 얼마나 좋은지.

물

어둠이 심연을 덮고
하느님의 영이 그 물 위를 감돌고 있었다. (창세1,2)

강 하나가 에덴에서 흘러나와 동산을 적시고
그곳에서 갈라져 네 줄기를 이루었다. (창세2,10)

내가 사십 일 동안 밤낮으로 땅에 비를 내려,
내가 만든 생물을 땅에서 모두 쓸어버리겠다. (창세7,4)

주님께서는 밤새도록 거센 샛바람으로 바닷물을 밀어내시어,
바다를 마른 땅으로 만드셨다.
그리하여 바닷물이 갈라지자,
이스라엘 자손들이 바다 가운데로 마른 땅을 걸어 들어갔다.
물은 그들 좌우에서 벽이 되어 주었다. (탈출14,21-22)

네가 그 바위를 치면 그곳에서 물이 터져 나와,
백성이 그것을 마시게 될 것이다. (탈출17,6)

잔잔한 물가로 나를 이끄시어
내 영혼에 생기를 돋우어 주시네. (시편23,2-3)

암사슴이 시냇물을 그리워하듯 하느님,
제 영혼이 당신을 이토록 그리워합니다.
제 영혼이 하느님을,
제 생명의 하느님을 목말라합니다. (시편42,2)

제 영혼이 당신을 목말라합니다.
물기 없이 마르고 메마른 땅에서
이 몸이 당신을 애타게 그립니다. (시편63,2)

저의 영혼 메마른 땅처럼 당신께 향합니다. (시편143,6)

네 저수 동굴에서 물을 마시고
네 샘에서 솟는 물을 마셔라. (잠언5,15)

나는 벌거숭이산들 위에 강물이,
골짜기들 가운데에 샘물이 솟아나게 하리라.
광야를 못으로, 메마른 땅을 수원지로 만들리라. (이사41,18)

내가 목마른 땅에 물을, 메마른 곳에 시냇물을 부어주리라.
너의 후손들에게 나의 영을,
너의 새싹들에게 나의 복을 부어주리라.
그들은 물길 사이의 풀처럼,
흐르는 물가의 버드나무처럼 솟아나리라. (이사44, 3-4)

자, 목마른 자들아, 모두 물가로 오너라 (이사55, 1)

그들은 생수의 원천인 나를 저버렸고 제 자신을 위해 저수 동굴을,
물이 고이지 못하는 갈라진 저수 동굴을 팠다. (예레2, 13)

주님 당신을 저버린 자는 누구나 수치를 당하고
당신에게서 돌아선 자는 땅에 새겨지리이다.
그들이 생수의 원천이신 주님을 버린 탓입니다. (예레17, 13)

예수님께서는 세례를 받으시고 곧 물에서 올라오셨다.
그때 그분께 하늘이 열렸다. (마태3, 16)

이 작은 이들 가운데 한 사람에게
그가 제자라서 시원한 물 한 잔이라도 마시게 하는 이는
자기가 받을 상을 결코 잃지 않을 것이다. (마태10, 42)

제자들은 예수님께서 호수 위를 걸으시는 것을 보고 겁에 질려 …
주님, 주님이시거든 저더러 물 위를 걸어오라고 명령하십시오. …
예수님께서 "오너라." 하셨다. (마태14, 26-29)

시몬 … 너는 나에게 발 씻을 물도 주지 않았다. (루카7, 44)

예수님께서 깨어나시어 바람과 물결을 꾸짖으시니 (루카8, 24)

"물독에 물을 채워라." …
과방장은 포도주가 된 물을 맛보고 … (요한2,7-9)

누구든지 물과 성령으로 태어나지 않으면,
하느님 나라에 들어갈 수 없다. (요한3,5)

내가 주는 물을 마시는 사람은 영원히 목마르지 않을 것이다.
내가 주는 물은 그 사람 안에서 물이 솟는 샘이 되어
영원한 생명을 누리게 할 것이다. (요한4,14)

목마른 사람은 다 나에게 와서 마셔라.
나를 믿는 사람은 성경 말씀대로
'그 속에서부터 생수의 강들이 흘러나올 것이다. (요한7,37-38)

대야에 물을 부어 제자들의 발을 씻어 주시고 (요한13,5)

군사 하나가 창으로 그분의 옆구리를 찔렀다.
그러자 곧 피와 물이 흘러나왔다. (요한19,34)

그리스도께서 그렇게 하신 것은
교회를 말씀과 더불어 물로 씻어 깨끗하게 하셔서
거룩하게 하시려는 것이었습니다. (에페5,26)

그분께서 바로 물과 피를 통하여 세상에 오신 예수 그리스도이십니다.
물만이 아니라 물과 피로써 오신 것입니다. (1요한5,6)

어린양이 목자처럼 그들을 돌보시고
생명의 샘으로 그들을 이끌어 주실 것이며 (묵시21,6)

천사는 또 수정처럼 빛나는 생명수의 강을 나에게 보여 주었습니다.
그 강은 하느님과 어린양의 어좌에서 나와,
도성의 거리 한가운데를 흐르고 있었습니다. (묵시22, 1-2)

물은 생명체가 필요로 하는 중요한 자원이며, 우리에게 무상으로 주어진 것으로 생명의 매체이다. 우리 각각의 존재는 모태를 채운 양수라 불리는 생명의 바다에서 그 존재를 시작했으며, 또 우리 각자의 출생은 바로 그 모태에서 비롯되었다. 그리스도교인은 하느님의 영[성령]의 힘으로 축성된 세례수로 그리스도교 공동체라 불리는 모태를 통하여 또 한번의 출생을 한다. 세례를 통하여 그들은 성부와 성자와 성령이라는 삼위일체 공동체에 몸을 담은 것이다.

물! 우리가 물에 매료되는 것은 조금도 이상할 게 없다. 우리는 마치 중력에 이끌리듯 물에 이끌리는 것을 체험한다, 그 물이 물리적인 것이든 심리적 것이든, 의식적이든 무의식적이든. 우리 몸의 대부분은 물로 이루어졌다(70퍼센트). 우리가 매일 섭취하는 고체로 된 음식마저 대부분 물 없이는 그 존재를 지속할 수 없다. 물은 지구의 사분의 삼을 차지한다. 달에서 지구를 바라볼 때, 물 때문에 지구는 푸른 다이아몬드 빛을 띤다.

물이 없으면 생명체도 없다. 우리의 생활도 대부분 물과 관련되어 있다. 물은 인간에게 절대로 필요하다. 인간은 물로 그 갈증을 해소한다. 인간이 섭취하는 다양한 것들이 물 없이 이루어지는 것은 없다. 그것이 맥주든 청량 음료든 쥬스든 그 무엇이든지 그것들의 기본적인 내용과 가치는 물이다.

세수 · 목욕 · 설거지 · 청소 · 수영 등을 통하여 인간은 물로써 기쁨을 얻고 재충전을 한다.

바다와 강과 호수 그리고 폭포는 우리에게 물의 아름다움, 그 미학을 드러내준다. 그 밖에도 물은 얼음·서리·우박·눈 그리고 이슬·수증기·이슬비·안개 외에도 증기·습기·눅눅함 등, 여러가지 형태로 우리 주변에 존재한다. 온갖 종류의 비와 비의 종류에 대하여 그리고 비 온 뒤의 무지개[물방울과 빛의 조화]에 대하여 생각해 보라. 구름과 그 다양한 형태에 대해서도 한번 생각해 보라. 우리가 거의 매일 살피는 날씨도 기본적으로 물과 그것의 다양한 형태의 현존과 부재에 관한 것이라고 해도 지나친 말이 아닐 것이다. 물 없이는 아마 날씨도 존재하지 않을 것이다. 만일 물이 없다면 그저 달이나 다른 행성 위에서와 같이 우리는 그저 해와 바람 그리고 생명의 부재만을 가정할 수 있을 것이다.

물은 인간과 너무나 절친한 친구이다. 아니 어쩌면 그것은 나 자신보다 더 가까운 나일수 있다. 한편으로 물이 너무 많고 너무 적음에 따라 그것은 재난의 요소가 될 수도 있다. 이 지상에서 발생하는 홍수와 가뭄 혹은 사막화는 계속해서 많은 희생을 초래한다. 각종 강풍 곧 토네이도·허리케인·태풍 등은 물의 파괴적인 힘을 여실히 보여준다.

물은 하느님의 창조와 은총의 가장 완벽한 반사경이다. 하느님은 우리가 물의 깊이와 높이, 그 내밀함과 성사 그리고 그 신비를 명상하도록 초대한다. 하느님의 기쁨의 눈물과 슬픔의 눈물, 그 피땀과 그 심장에서 흘러나오는 '피와 물'. 우리 자신의 기쁨의 눈물과 슬픔의 눈물. 두려움과 근심 때문에 흘리는 땀, 힘든 노동으로 흘리는 땀, 거룩한 물[聖水], 다른 이를 위하여 사랑의 봉사를 할 때 떨어뜨리는 우리의 거룩한 땀방울.

세 젊은이의 찬가

하늘의 궁창에서 찬미받으소서.
　당신은 찬송과 영광을 영원히 받으실 분이십니다.
주님의 업적들아, 모두 주님을 찬미하여라.
　영원히 그분을 찬송하고 드높이 찬양하여라.
주님의 천사들아, 주님을 찬미하여라.
　영원히 그분을 찬송하고 드높이 찬양하여라.
하늘아, 주님을 찬미하여라.
　영원히 그분을 찬송하고 드높이 찬양하여라.
하늘 위 물들아, 모두 주님을 찬미하여라.
　영원히 그분을 찬송하고 드높이 찬양하여라.
주님의 군대들아, 모두 주님을 찬미하여라.
　영원히 그분을 찬송하고 드높이 찬양하여라.
해와 달아, 주님을 찬미하여라.
　영원히 그분을 찬송하고 드높이 찬양하여라.
하늘의 별들아, 주님을 찬미하여라.
　영원히 그분을 찬송하고 드높이 찬양하여라.
비와 이슬아, 모두 주님을 찬미하여라.
　영원히 그분을 찬송하고 드높이 찬양하여라.
바람아, 모두 주님을 찬미하여라.
　영원히 그분을 찬송하고 드높이 찬양하여라.
불과 열아, 주님을 찬미하여라.

영원히 그분을 찬송하고 드높이 찬양하여라.
추위와 더위야, 주님을 찬미하여라.
　영원히 그분을 찬송하고 드높이 찬양하여라.
이슬과 소나기야, 주님을 찬미하여라.
　영원히 그분을 찬송하고 드높이 찬양하여라.
서리와 추위야, 주님을 찬미하여라.
　영원히 그분을 찬송하고 드높이 찬양하여라.
얼음과 눈아, 주님을 찬미하여라.
　영원히 그분을 찬송하고 드높이 찬양하여라.
밤과 낮들아, 주님을 찬미하여라.
　영원히 그분을 찬송하고 드높이 찬양하여라.
빛과 어둠아, 주님을 찬미하여라.
　영원히 그분을 찬송하고 드높이 찬양하여라.
번개와 구름아, 주님을 찬미하여라.
　영원히 그분을 찬송하고 드높이 찬양하여라.
땅아, 주님을 찬미하여라.
　영원히 그분을 찬송하고 드높이 찬양하여라.
산과 언덕들아, 주님을 찬미하여라.
　영원히 그분을 찬송하고 드높이 찬양하여라.
땅에서 싹트는 것들아, 모두 주님을 찬미하여라.
　영원히 그분을 찬송하고 드높이 찬양하여라.
샘들아, 주님을 찬미하여라.
　영원히 그분을 찬송하고 드높이 찬양하여라.
바다와 강들아, 주님을 찬미하여라.
　영원히 그분을 찬송하고 드높이 찬양하여라.

용들과 물에서 움직이는 모든 것들아, 주님을 찬미하여라.
  영원히 그분을 찬송하고 드높이 찬양하여라.
하늘의 새들아, 모두 주님을 찬미하여라.
  영원히 그분을 찬송하고 드높이 찬양하여라.
들짐승과 집짐승들아, 모두 주님을 찬미하여라.
  영원히 그분을 찬송하고 드높이 찬양하여라.
사람들아, 주님을 찬미하여라.
  영원히 그분을 찬송하고 드높이 찬양하여라.
이스라엘아, 주님을 찬미하여라.
  영원히 그분을 찬송하고 드높이 찬양하여라.
주님의 사제들아, 주님을 찬미하여라.
  영원히 그분을 찬송하고 드높이 찬양하여라.
주님의 종들아, 주님을 찬미하여라.
  영원히 그분을 찬송하고 드높이 찬양하여라.
의인들의 정신과 영혼아, 주님을 찬미하여라.
  영원히 그분을 찬송하고 드높이 찬양하여라.

거룩한 이들과 마음이 겸손한 이들아, 주님을 찬미하여라.
　영원히 그분을 찬송하고 드높이 찬양하여라.
하난야와 아자르야와 미사엘아, 주님을 찬미하여라.
　영원히 그분을 찬송하고 드높이 찬양하여라.

그분께서 우리를 저승에서 구해 주시고 죽음의 손아귀에서 구원하셨으며
불길이 타오르는 가마에서 건져 내시고 불 속에서 건져 내셨다.

주님께 감사하여라. 그분께서는 선하시고 그 자비는 영원하시다.
주님을 경배하는 이들아, 모두 신들의 신을 찬미하여라.
그분을 찬송하고 그분께 감사하여라.
그분의 자비는 영원하시다.″ (다니 3,56-90)

학문과 연구

사람이 빵만으로 살지 않고,
주님의 입에서 나오는 모든 말씀으로 산다. (신명8,3)

이 밖에도 조심해야 할 바가 있다.
책을 많이 만들어 내는 일에는 끝이 없고
공부를 많이 하는 것은 몸을 고달프게 한다. (코헬12,12)

그래서 내가 기도하자 나에게 예지가 주어지고
간청을 올리자 지혜의 영이 나에게 왔다. (지혜7,7)

그 위에 주님의 영이 머무르리니
지혜와 슬기의 영, 경륜과 용맹의 영,
지식의 영과 주님을 경외함이다. (이사11,2)

너는 내가 왜 너에게 왔는지 아느냐? …
이제 나는 진리의 책에 적힌 것을 너에게 일러 주려고 한다. …
이제 나는 너에게 진실을 일러 주겠다. (다니10,20-11,2)

너희는 가서 '내가 바라는 것은 희생 제물이 아니라 자비다.'
하신 말씀이 무슨 뜻인지 배워라. (마태9,13)

고생하며 무거운 짐을 진 너희는 모두 나에게 오너라.
내가 너희에게 안식을 주겠다. (마태11,29)

안식일이 되자 예수님께서는 회당에서 가르치기 시작하셨다.
많은 이가 듣고는 놀라서 이렇게 말하였다.
저 사람이 어디서 저 모든 것을 얻었을까?
저런 지혜를 어디서 받았을까? (마르6, 2)

그(예수)의 어머니는 이 모든 일을 마음속에 간직하였다. (루카2, 52)

어떠한 적대자도 맞서거나 반박할 수 없는 언변과 지혜를
내가 너희에게 주겠다. (루카21, 15)

한처음에 말씀이 계셨다.
말씀은 하느님과 함께 계셨다. (요한1, 1)

그분의 충만함에서 우리 모두 은총에 은총을 받았다. …
은총과 진리는 예수 그리스도를 통하여 왔다. (요한1, 16-17)

예수님께서 당신을 믿는 유다인들에게 말씀하셨다.
너희가 내 말 안에 머무르면 참으로 나의 제자가 된다.
그러면 너희가 진리를 깨닫게 될 것이다.
그리고 진리가 너희를 자유롭게 할 것이다. (요한8, 31-32)

나는 길이요 진리요 생명이다.
나를 통하지 않고서는 아무도 아버지께 갈 수 없다.
너희가 나를 알게 되었으니 내 아버지도 알게 될 것이다. (요한14, 6-7)

진리의 영께서 오시면
너희를 모든 진리 안으로 이끌어 주실 것이다. (요한16, 13)

나는 진리를 증언하려고 태어났으며,
진리를 증언하려고 세상에 왔다.

진리에 속한 사람은 누구나 내 목소리를 듣는다. (요한18,37)
그의 말에서 드러나는 지혜와 성령에 대항할 수가 없었다. (사도6,10)

오! 하느님의 풍요와 지혜와 지식은 정녕 깊습니다.
그분의 판단은 얼마나 헤아리기 어렵고
그분의 길은 얼마나 알아내기 어렵습니까? (로마11,33)

우리는 사랑으로 진리를 말하고 모든 면에서 자라나
그분에게까지 이르러야 합니다. (에페4,15)

여러분의 영과 마음이 새로워져,
진리의 의로움과 거룩함 속에서
하느님의 모습에 따라 창조된
새 인간을 입어야 한다는 것입니다. (에페4,23-24)

그리스도의 말씀이 여러분 가운데에 풍성히 머무르게 하십시오.
지혜를 다하여 서로 가르치고 타이르십시오. (콜로3,16)

그렇게 하는 것이 우리의 구원자이신 하느님께서 좋아하시고
마음에 들어 하시는 일입니다.
하느님께서는 모든 사람이 구원을 받고
진리를 깨닫게 되기를 원하십니다. (1티모2,4)

내가 하는 말을 잘 생각해 보십시오.
주님께서 모든 것을 깨닫는 능력을 그대에게 주실 것입니다. (2티모2,7)

그대는 인정받는 사람으로,
부끄러울 것 없이 진리의 말씀을 올바르게 전하는 일꾼으로
하느님 앞에 설 수 있도록 애쓰십시오. (2티모2,15)

그대는 그대가 배워서 확실히 믿는 것을 지키십시오.
그대는 누구에게서 배웠는지 잘 알고 있습니다.
또한 어려서부터 성경을 잘 알고 있습니다.
성경은 그리스도 예수님에 대한 믿음을 통하여
구원을 얻는 지혜를 그대에게 줄 수 있습니다.
성경은 전부 하느님의 영감으로 쓰인 것으로,
가르치고 꾸짖고 바로잡고 의롭게 살도록 교육하는 데에 유익합니다.
그리하여 하느님의 사람이 온갖 선행을 할 능력을 갖춘 유능한 사람이
되게 해 줍니다. (2티모3, 14-17)

여러분 가운데에 누구든지 지혜가 모자라면 하느님께 청하십시오.
하느님은 모든 사람에게 너그럽게 베푸시고
나무라지 않으시는 분이십니다.
그러면 받을 것입니다. (야고1, 5)

여러분 가운데 누가 지혜롭고 총명합니까?
그러한 사람은 지혜에서 오는 온유한 마음을 가지고 착하게 살아,
자기의 실천을 보여 주어야 합니다. (야고3, 13)

속이는 자들이 세상으로 많이 나왔습니다.
그들은 예수 그리스도께서 사람의 몸으로 오셨다고
고백하지 않는 자들입니다.
그런 자는 속이는 자며 '그리스도의 적'입니다.
여러분은 우리가 일하여 이루어 놓은 것을 잃지 않고
충만한 상을 받을 수 있도록 자신을 살피십시오.
그리스도의 가르침 안에 머물러 있지 않고 그것을 벗어나는 자는
아무도 하느님을 모시고 있지 않습니다.
이 가르침 안에 머물러 있는 이라야 아버지도 아드님도 모십니다.
(2요한1, 7-9)

나에게 한 생각이 있다! … 아주 단순한 생각을 한번 해보라 … 새벽의 해돋이와 석양의 해넘이보다 더 멋진 현상, 눈덮인 산정보다 더 아름답고 경이로운 현상, 끝없이 펼쳐진 대양의 해변, 그 어떤 피조물보다 더 높고 더 심오한 생명의 표현! 나에게 한 생각이 있다. 나는 이해한다. 나는 그 인과 관계를 보았다. 나는 보고 있다!

내 생의 매순간은 배움의 경험이다. 사람들이 저마다 새로운 문을 열어젖힌다. 모든 것이 와서 보고, 와서 먹고, 와서 쉰다.

누구나 인간의 정신 세계에서 전개되는 여러가지 모험에 대하여 진술을 시작할 수 있다. 누구나 인간의 의식의 흐름에 대하여 파악할 수 있을 것이다. 그런데 그것은 큰 바닷물의 물방울들을 헤아려 알려고 하는 것만큼이나 더 곤혹스러운 일일 것이다. 내재아(內在我, inner self)를 탐구하는 일은 그 얼마나 광대무변한 여정인가, "도둑은 어디에나 널려있는 좀 먹은 것 혹은 녹슬어 부식된 그 어느 것 조차 앗아갈 수 없다." 결코 완성될 수 없는 우리의 마음과 정신의 성장과 발전의 과제, 대륙과 그것을 에둘러 있는 대양의 그 길이·폭·높이·깊이란! 하느님이 그를 찾는 인간들을 위하여 준비한 것들을 눈은 보지를 못하고 귀는 듣지를 못한다.

예컨대, 정작 우리가 돈을 벌기에는 너무 어린 나이였을 때에, 아마 우리는 우리의 생활, 우리 학문의 성장과 발전, 사랑하는 능력과 관련하여 가장 중요한 일을 했었다. 나는 어떤 젊은 학생이 나에게 그 자신이 철학을 공부하기로 결심 했다는 말을 들었다. 그것은 그가 영원한 것을 위하여 그의 정신을 사용할 수 있다고 믿고, 그가 그 좋은 두뇌를 활용하기를 원했기 때문이다. 책 읽기, 글 쓰기 그리고 정신의 여정이라는 놀라운 신비의 세계로 초대받는 우리의 젊은 날의 학창시절은 얼마나 보배로운지! 그리고 그러한 여행은 우리가 두 발로 휘젓고 다니는 여행보다 훨씬 더 풍요롭다. 그들 자신의 천부적 재능을 지니고 우리를 보다 큰 책들의 세계로, 보다 큰 이상의 세계로 인도하는 선생님들. 우리가 우리 자신의 정신과 마음에 대하여 쓰고 탐구하도록 우리를 격려하는 영적인 스승들.

나는 생각한다. 그러므로 나는 존재한다. 나 자신의 정신과 이해력. 나는 얼마나 신비스러운 존재인가. 나는 무한한 능력을 가진 탐구하는 존재이다. 배움과 지식, 학문과 연구는 끝이 없다. 그것은 영원히 계속되는 겨울·봄·여름·가을이다. "나는 모든 지식의 이해를 추구한다. 나는 존재의 신비를 꿰뚫고 파악하려고 무던히도 애쓴다. 나는 모든 것을 아는 힘, 모든 것을 탐구하는 힘, 모든 것을 소유하려는 힘을 원한다. … 하지만 나는 나 자신조차 소유할 수 없다."

> 지금 우리는 그것을 거울에 비추어 보듯 보고 있습니다.
> 그러나 때가 되면 우리는 얼굴을 직접 마주 대하고 보게 될 것입니다.
> 지금 내가 가진 지식은 불완전합니다.
> 그러나 때가 되면 나는 그것을 있는 그대로 완전히 알게될 것입니다.
> (1고린13, 12)

> 이 머리로는 헤아릴 수 없는 신비한 일들을
> 영문도 모르면서 지껄였습니다
> 당신께서 어떤 분이시라는 것을 풍문으로만 들었었는데,
> 이제 나는 이 눈으로 당신을 뵈었습니다.
> 그리하여 내 말이 잘못되었음을 깨닫고
> 티끌과 잿더미에 앉아 뉘우칩니다. (욥42, 3)

내 정신은 나를 나의 내면으로 이끌고, 나를 우주 속으로 이끕니다. 인간의 영적 감응[靈感]과 기억의 경이로움, 꿈과 상상의 경이로

움. 절대자를 찾아나선 순례자, 신성(神性)과 조율된 정신. 물질을 넘어서고 공간과 시간을 넘어선 정신. 배움, 이해 흡수, 기분 전환. 학문 연구. 정신을 지배하는 정신. 모든 시대의 위대한 사상가들과 대화를 하는 나의 정신과 지성.

인간의 모든 지식은 마음을 자극한다. 마음은 어쩌면 온 우주이고, 궁극적으로 하느님이 머무시는 곳이다. 감관들의 지식. 직접적이고 즉각적인 경험. 이해. 원인들과 목적들을 알기. 역사를 알기. 사람들과의 관계망을 알기. 인간 정신[마음]의 무한한 확장성.

진리는 결핍을 채우기 위한 갈망이다. 진리는 신성하다. 진리는 전체성이다. "나는 … 진리이다." "여러분이 내 말을 여러분의 것으로 하면, 여러분은 진리를 알게 될 것이고, 그 진리가 여러분을 자유롭게 할 것이다."

배움은 진리에 이르는 길이다. 진리는 인간의 마음을 자유롭게, 확 트이게 해준다. 진리에 이르는 소명은 배우고, 침묵하고, 기도하는 성스러운 부르심[聖김]이다. 제자의 기도가 있다. 스승의 기도가 있다. 배우는 사람이 되는 것은 제자직의 긴 여정이다. "배우는 사람은 자아를 낳지 않는다. 그는 진리를 낳으며, 창조적인 말씀을 낳는다."(Sertillanges, 1863-1948)

지혜를 사랑하는 사람, 진리를 추구하는 사람, 절대자를 찾아 순례하는 사람은 언제나 예수님의 이 지상에서의 마지막 기도에 참여하게 된다: "진리로 그들을 거룩하게 하소서. 당신의 말씀이 진리입니다. … 그리고 그들이 진리로 거룩해지도록, 나도 내 자신을 거룩하게 합니다."(요한17,17)

사막, 침묵, 고독

아브람이 아뢰었다.
"주 하느님, 저에게 무엇을 주시렵니까? (창세15,1)

주님께서 나에게 이르신 대로,
우리는 발길을 돌려 갈대 바다 길을 따라 광야로 떠났다. (신명1,1)

거기에서 너희는 주 너희 하느님을 찾게 될 것이다.
너희가 마음을 다하고 목숨을 다하여 그분을 찾으면 만나 뵐 것이다.
(창세기4,29)

그분을 시험해서는 안 된다. (신명6,16)

사람이 빵만으로 살지 않고,
주님의 입에서 나오는 모든 말씀으로 산다. (신명8,3)

너희를 이집트 땅, 종살이하던 집에서 이끌어 내신 주 너희 하느님을 잊지 않도록 하여라. 그분은 불뱀과 전갈이 있는 크고 무서운 광야, 물 없이 메마른 땅에서 너희를 인도하시고, 너희를 위하여 차돌 바위에서 물이 솟아나게 하신 분이시다. 또 그 광야에서 너희 조상들이 몰랐던 만나를 너희가 먹게 해 주신 분이시다. 그것은 너희를 낮추고 시험하셔서 뒷날에 너희가 잘되게 하시려는 것이었다. (신명8,14-16)

한 소리가 외친다.
너희는 광야에 주님의 길을 닦아라.
우리 하느님을 위하여 사막에 길을 곧게 내어라. (이사40,3)

네 젊은 시절의 순정과 신부 시절의 사랑을 내가 기억한다.
너는 광야에서, 씨 뿌리지 못하는 땅에서 나를 따랐다. (예레2,2)

사막과 구렁의 땅에서 가뭄과 암흑의 땅에서 어떤 인간도 지나다니지 않고
어떤 사람도 살지 않는 땅에서 우리를 인도하신 주님께서는 어디 계신가?
내가 너희를 이 기름진 땅으로 데려왔다. (예레2,6-7)

내가 보니 옥토는 황무지가 되고 모든 성읍은 허물어졌다. (예레4,26)

너희가 나를 찾으면 나를 만나게 될 것이다.
온 마음으로 나를 구하면 내가 너희를 만나 주겠다. (예레29,13-14)

그들은 광야에서 은혜를 입었다. (예레31,2)

나는 그 여자를 달래어 광야로 데리고 가서 다정히 말하리라. (호세2,16)

이스라엘이 아이였을 때에 나는 그를 사랑하여
나의 그 아들을 이집트에서 불러내었다. (호세11,1)

그 뒤에 성령께서는 곧 예수님을 광야로 내보내셨다.
예수님께서는 광야에서 사십 일 동안 사탄에게 유혹을 받으셨다.
또한 들짐승들과 함께 지내셨는데 천사들이 그분의 시중을 들었다.
(마르1,12)

이 사람이 이집트 땅과 … 광야에서 이적과 표징들을 일으키며
그들을 이끌어 냈습니다. (사도7,36)

이스라엘 백성의 하느님께서는 … 이집트 땅에서 … 권능의 팔로
그들을 거기에서 데리고 나오셨습니다. (사도13,17)
사실 그들은 광야에서 죽어 널브러졌습니다. (1코린10,5)

그냥 아라비아로 갔습니다. (갈라1,17)

오늘 너희가 그분의 소리를 듣거든 마음을 완고하게 갖지 마라,
광야에서 시험하던 날처럼 반항하던 때처럼 … (히브3,8)

네가 인내하라는 나의 말을 지켰으니,
땅의 주민들을 시험하려고 온 세계에 시련이 닥쳐올 때에
나도 너를 지켜 주겠다. (묵시3,10)

그 여인의 아이가 하느님께로, 그분의 어좌로 들어 올려졌습니다.
여인은 광야로 달아났습니다.
거기에는 여인이 천이백육십 일 동안 보살핌을 받도록
하느님께서 마련해 주신 처소가 있었습니다. (묵시12,5-6)
그들은 어린양이 가는 곳이면 어디든지 따라가는 이들입니다. (묵시14,4)

사막으로 가는 것은 처음으로 되돌아 가는 것이다. 새로운 탈출(exodus)과 정화와 회심은 늘 필요하다. 사막은 본질적으로 시련이고, 믿음과 섭리에 대한 도전이고, "내가 마시는 잔을 마실 수 있느냐?"는 두려운 말씀과 함께 자기 자신을 대면하는 일이며, 가난하게 되는 것이며, 호구지책을 위하여 힘겹게 사는 일이며, 가까스로 생존을 영위하는 일이다. 창세기 2장 8절에 낙원은 동쪽 사막 한 가운데 있는 오아시스로 그려져 있다. 아모스 · 호세아 · 예레미야는 야훼[하느님]와 그들 백성 가운데서 완전한 일치를 이루던 때로서, 사막에서 지내던 때를 주목한다. 사막은 피난처였다. 호세아는 그분 면전에서 아모스처럼 영적인 평온기로서 사막을 통과한 이스라엘의 여정을 생각한다. 그때 이스라엘은 어린아이였고, 이방인의 신들에 대하여 아무것도 몰랐고, 구름 속에서 자신의 현존을 드러내는 야훼께 충실하였다.

사막은 역설의 땅, 고도의 억압의 땅, 모래의 땅, 그리고 때때로 초원의 땅이며, 짙은 색, 단조롭고 정적이 감도는 황폐한 곳이요, 강력하게 요동치는 바다이기도 하다. 사막은 바싹 타들어가서 물이 없는 곳이지만, 그 안에 언제나 오아시스가 있다. 사막은 위험이 항존하고, 고달픔과 죽음의 장소이며, 피난처요, 성인을 위한 고독의 장소인가 하면, 도둑이나 강도가 생계를 꾸려가는 곳이기도 하다. 누군가 사막에서 길을 잃는 것은 곧 죽음에 직면하는 것이라 해도 과언이 아니다. 사막에서 그들이 통과하는 길에서 벗어난 여행자들은 분명히 죽고 만다(욥 6, 18). 사막은 악마들과 들짐승이 출몰하는 곳이다. 사막은 통행의 장소이고, 사막 그 안은 결코 최종 목적지가 아니다. 사막은 하느님께서 그의 백성을 본향으로 데려가려고 고른 길이었다. 사막은 예배와 숭경과 기도가 이루어지는 곳, 율법과 계약을 받는 장소이고, 백성들이 불평하는 불신앙의 장소이다.

그곳은 안전도 보장되지 않고 배를 채울 고기도 물도 없다. 그런가 하면 사막은 또한 자비의 장소이다. 그곳은 주님께서 물과 음식을 주셨던 곳이다. 사막은 무척 안전한 곳이고, 보호와 피난처요, 이스라엘이 하느님의 총애를 확인했던 곳이다. 사막[광야]은 예수님이 머물렀던 곳이다. 그분은 그분의 일[공생활]을 사막에서 시작했다. 거룩한 영이 그분을 사막으로 이끌어냈다. 사막에서 그분은 극복했다. 곧 그분은 믿음이 확고한 사람이 되었다. 사막, 그 외로운 곳은 경이로움을 지닌 특별한 장소이다. 사막은 도발적인 장소이다. 곧 그 곳은 모험과 탐구와 고독 속에서 유영하려는 우리의 잠재적인 미각을 돋운다.

당신은 사막에서 무엇을 기대할 수 있을까? 당신은 사막에서 무엇을 물을 수 있을까? 당신은 무엇을 보러 사막으로 가는가? 기대, 희망. 사막의 약속은 곧 그대의 악마와 조우하는 것, 살아있는 생명의 샘을 만나는 일이다. 그대의 사막에 있는 바위를 쳐라! 만나(Manna). 무엇보다도 사막의 만나를 기대하라. 언제나 만나가 있다. 새로운 만나(묵기2,17) · 새벽 별(묵시2,28) · 열린 문(묵시3,8)을 기대하라. 야훼 내 하느님은 사막의 하느님이다. 그분은 나를 사막으로 데려간다. 각 사람의 가장 깊은 내면에 사막이 있다. 그대가 온 마음으로 그 실재(reality)를 긍정하지 않으면, 사막에서 살아남을 수 없을 것이고, 냉혹한 조건에 직면할 것이다. 인간은 한낮의 태양 아래 작열하는 사막에 서있는 그대로의 실재들을 볼 필요가 있다. 야훼는 아무것도 아닌 일로 그의 백성을 사막으로 불러내지 않는다. 그분은 모든 것을 위하여, 약속의 땅을 위하여 그들을 사막으로 초대한다. 침묵과 고독 가운데 머문 예수님은 사막의 사람이다. 그분은 외진 곳 · 사막 · 바다 · 산 · 도시로 가는 사람이다. 그분에게 힘을 주는 아버지[성부]의 친밀하고 빨아들일 듯 긴밀한 현존. 몇 가지 분리된 에피소드를 제외하고, 사

막은 그분의 모든 사명을 하나로 완전하게 한다. 그분은 사막에서 거룩하게 변모되었다. 곧 그분이 사막[광야]의 극점에 이른 것은 수난과 죽음의 골고타 언덕으로 이어진다.

실제로 사막은 찾아 가기가 쉽지 않다. 그러나 사막 체험은 어디에서나 가능하다. 곧 사순절·피정·성시간·단식·침묵·영혼의 갈증 같은 것이 그것이다. 특별히 성체는 일종의 사막이다. 매 시간 각 사람들을 위하여 사막은 새롭고 유일회적이고 유일하다. 각 사람의 영혼이 체험하는 깊은 사막은 지극히 내밀하다. "당신이 느긋하게 오래 기다린다면, 심지어 암흑 가운데서도, 그 사막은 꽃을 피울 것이다."

사막은 지리적인 장소요, 하느님께서 축복하지 않는 땅이다. 그런가 하면 사막은 은혜로운 시간이고 통과하는 장소이다. 그리스도는 우리의 사막이다. 그분 안에서 우리는 완전한 믿음과 변형과 고독, 그리고 하느님과 친교를 갖는다. 하느님과 직접으로 일치하고 그분께 의탁하는 생활로 초대하는 신비로운 부르심은 우리 각자의 내면에서 이루어지고, 그것은 침묵과 기도, 고독과 자유 안에서 그분에 의하여 인도되고, 형성되고, 정화되는 부르심이다. 침묵은 미래, 영원과의 친밀에서 오는 소리이다. 영원은 나를 위하여 시작되었다. 나는 내 안에서 영원을 동반한다. 그것은 나로부터 천천히 그리고 소리 없이 침묵 가운데 자라나고 있다. 더욱 영원하고 무궁무진해진다. "예수님의 말씀을 확실히 자기 것으로 성취한 사람은 누구든지 그분의 침묵을 느끼고 알 수 있다."(안티오키아의 이냐시오)

침묵은 사막으로 들어가는 그리고 영원으로 들어가는 우리의 길이다.

어떤 입김이 내 얼굴을 스치자 내 몸의 털이 곤두섰다네.
누군가 서 있는데 나는 그 모습을 알아볼 수 없었지.
그러나 그 형상은 내 눈앞에 있었고
나는 이렇게 속삭이는 소리를 들었다네. (욥4, 15-16)
손을 제 입에 갖다 댈 뿐입니다.
한 번 말씀드렸으니 대답하지 않겠습니다.
두 번 말씀드렸으니 덧붙이지 않겠습니다. (욥40, 4-5)
말도 없고 이야기도 없으며 그들 목소리조차 들리지 않지만
그 소리는 온 땅으로, 그 말은 누리 끝까지 퍼져 나가네. (시편19, 4-5)

침묵할 때가 있다. (코헬3, 7)
주님의 구원을 잠자코 기다림이 좋다네. …
그는 홀로 말없이 앉아 있어야 하니
그분께서 그에게 짐을 지우셨기 때문이네. (애가3, 26-28)
주님께서는 당신의 거룩한 성전에 계시다.
온 세상은 그분 앞에서 조용히 하여라. (하바2, 20)
만민아 야훼 앞에서 침묵하여라!
그분이 당신 처소에서 깨어 다가오시리니. (즈카2, 13)

(예수님께서) 수석 사제들과 원로들이 당신을 고소하는 말에는
아무 대답도 하지 않으셨다. …
예수님께서는 어떠한 고소의 말에도 대답을 하지 않으셨다.
그래서 총독은 매우 이상하게 여겼다. (마태27, 12)
예수님께서는 입을 다무신 채 아무 대답도 하지 않으셨다. (마르14, 61)
어린양이 일곱째 봉인을 뜯으셨을 때,
하늘에는 반 시간가량 침묵이 흘렀습니다. (묵시8, 1)

우리 각자는 어떤 곳에서도 찾을 수 없는 인간의 침묵, 우리 자신의 침묵의 심연을 동반한다. 또 어떤 것은 우리가 우리 내면에 숨겨

진 침묵을 발견하도록 해줄 수 있다. 그것은 또 다른 깊은 침묵을 수용하는 특별한 선물이다. 침묵은 현존하는 실재·수용하는 감수성·준비·기다림·집중하여 듣는 경청이다. 여러가지 다른 침묵·만족스러움의 표현·충만 혹은 비움이 있다. 침묵은 서로 다른 많은 면모와 의미를 가졌다.

지혜의 침묵과 무지의 침묵, 겸손의 침묵과 가난의 침묵, 분노의 침묵과 사랑의 침묵이 있다. 삼십년 동안 사람들 서리에 있는 예수님의 침묵, 나자렛 생활의 침묵, 베들레헴의 침묵, 사막의 침묵, 산중의 밤의 침묵이 있다. 자연의 침묵, 지구의 자전, 태양의 주위를 도는 지구의 운동, 태양의 침묵, 달의 침묵, 별의 침묵, 땅의 침묵이 있다. 소음은 침묵에 의하여 차단된다. 역사의 침묵, 죽음의 침묵, 구름의 침묵, 눈의 침묵, 꽃들의 침묵, 자라나는 모든 것들의 침묵, 나무들의 침묵, 산들의 침묵, 새벽의 침묵, 황혼의 침묵이 있다. 타오르는 촛불의 침묵, 묘지의 침묵, 하느님과 자연과 사람의 침묵, 사랑과 은총과 희생, 곧 성체의 침묵. 침묵은 하느님 현존의 특별한 성사이다.

사막의 침묵은 지혜의 원천이며, 그 지혜는 그리스도의 신비에 관한 고독 속에서 이루어진 명상에 의하여 모든 것을 능가하여 발전된 것이다. 은수자[수행자]는 종말론적인 관상[명상] 생활과 고독으로 이미 "무덤에 묻혀"있다. 그는 하느님의 표징이며, 이 세상의 덧없음을 사람들에게 상기시키고, 다가오는 세계의 표상을 드러내는 징표가 되도록 정향되어 있다. 하느님의 사람은 하느님을 찾는다. 곧 그는 회심[metanoia]과 내적 쇄신, 그의 의식을 심화시키는 고독, 그리고 존재와 자유의 궁극적 근거에 대한 체험과 겸손, 평화, 완전한 자기포기, 변형과 기쁨, 사랑의 생활과 죽음 그리고 그리스도의 부활의 체험에 의하여 하느님을 찾는다.

　나의 삶은 그리스도 안에 숨겨져 있다. "나는 심지어 대양(大洋)과 별들 보다도 더 고요하다." 우리 각자의 내면에는 엄청난 숨겨짐, 고독, 광활한 공간이 있다. 그리고 우리들 사이에는 또한 몇 광년(光年)의 거리가 있다. 우리는 대부분의 시간을 침묵 가운데서 보낸다. 보통 사람들의 의미 심장한 대화는 하루 평균 반 시간도 채 되지 않는다. 우리는 내면에 침묵의 큰 바다, 침묵들의 침묵들과 동반한다. 우리가 무엇을 말해야 할지 모르고, 더 말 할 그 무엇을 가지고 있지도 않고, 우리의 관계를 더 진전 시킬 것을 가지고 있지 못하기 때문에 침묵은 우리 가운데 존재한다.

　우리 각자는 '소리없는 지대'를 가지고 있다. 모든 소리는 그 자신의 침묵을 가지고 있다. 사람들 소리, 자연의 소리, 동물의 소리, 산업 현장의 소리, 도시의 소리—사이렌, 경적 소리, 부딪히는 소리; 창조의 소리, 파괴의 소리—건물을 짓고 부수는 소리. 갓 태어난 아기가 탄생을 알리는 첫 울음소리, 죽어가는 이의 외침, 웃음 소리, 울음 소리가 있다. 하루 하루가 새로운 소리이고, 새로운 단절이고, 새로운 침묵이다. 언어[말]는 누적된 침묵에서 나오며, 언어는 침묵을 창조하고, 침묵으로 돌아간다. 하느님의 침묵은 모든 것에 대하여 가장 위대하고 가장 깊다. 그는 진실[진리]을 보고 기다린다. 그대는 그대의 가장 깊은 침묵을 발견했는가? 우리는 전인미답인 이 땅의 심연을, 창공의 높음을, 우리의 풍요로움을 지향하여 우리의 삶을 살고 있다.

　거룩하시다, 거룩하시다, 거룩하시다 … 하느님의 영원한 침묵. 그분의 말씀은 얼마나 중요한가! 그분에게서 발출된 말씀은 얼마나 중요한가! 우리는 우리가 흔히 거론하는 그분의 말씀보다 그분의 침

묵을 더 자주 체험한다. 그분의 죽음의 침묵, 부활의 침묵, 성체의 침묵, 평화와 기쁨과 일치 안에 내재하는 그분의 침묵. 삼위일체의 침묵 속에서, 한 말씀이 발설되고, 한 영[성령]이 발출되고, 언제나 증여되면서도 결코 비지않고 충만하다. "우리는 너에게 가서 네 안에서 우리의 거처를 만든다." 우리의 가장 내밀한 마음은 거룩함 속의 거룩함이 되며, 거기에 우리를 위한 말씀과 사랑이신 아버지[성부]와 아들[성자]과 영[성령]의 침묵이 있다.

삼위일체의 침묵 안에서 우리는 완전한 이해에 이른다.

 꽃

주 하느님께서는 동쪽에 있는 에덴에 동산 하나를 꾸미셨다. (창세2,8)

주 하느님께서 저녁 산들바람 속에 동산을 거니시는 소리를 들었다. (창세3,8)

사람이란 ··· 꽃처럼 솟아났다 시들고
그림자처럼 사라져 오래가지 못합니다. (욥14,2)

사람이란 그 세월 풀과 같아 들의 꽃처럼 피어나지만
바람이 그를 스치면 이내 사라져
그 있던 자리조차 알아내지 못한다. (시편103,15-16)

나는 사론의 수선화, 골짜기의 나리꽃이랍니다. (아가2,2)

아가씨들 사이에 있는 나의 애인은 엉겅퀴 사이에 핀 나리꽃 같구나. (아가2,3)

땅에는 꽃이 모습을 드러내고 노래의 계절이 다가왔다오. (아가2,12)

그대는 닫힌 정원, 나의 누이 나의 신부여
그대는 닫힌 정원, 봉해진 우물 (아가4,12)

일어라, 북새바람아! 오너라, 마파람아!
불어라, 내 정원에, 온갖 향료들이 흘러내리게!

나의 연인이 자기 정원으로 와서
이 맛깔스러운 과일들을 따 먹을 수 있도록! (아가4, 16)

수선화처럼 활짝 피고 즐거워 뛰며 환성을 올려라.
레바논의 영광과 카르멜과 사론의 영화가 그곳에 내려
그들이 주님의 영광을, 우리 하느님의 영화를 보리라.
수선화처럼 활짝 피고 즐거워 뛰며 환성을 올려라. (이사 35, 1-2)

모든 인간은 풀이요 그 영화는 들의 꽃과 같다.
주님의 입김이 그 위로 불어오면 풀은 마르고 꽃은 시든다. …
풀은 마르고 꽃은 시들지만
우리 하느님의 말씀은 영원히 서 있으리라. (이사40, 6-8)

너는 물이 풍부한 정원처럼 되리라. (이사58, 11)

땅이 새순을 돋아나게 하고 정원이 싹을 솟아나게 하듯
주 하느님께서는 모든 민족들 앞에
의로움과 찬미가 솟아나게 하시리라. (이사61, 11)

너희는 왜 옷 걱정을 하느냐?
들에 핀 나리꽃들이 어떻게 자라는지 지켜보아라.
그것들은 애쓰지도 않고 길쌈도 하지 않는다.
그러나 내가 너희에게 말한다.
솔로몬도 그 온갖 영화 속에서
이 꽃 하나만큼 차려입지 못하였다. (마태6, 28)

예수님께서는 이렇게 말씀하신 뒤에 제자들과 함께
키드론 골짜기 건너편으로 가셨다.
거기에 정원이 하나 있었는데 제자들과 함께 그곳에 들어가셨다.
(요한18, 1)
예수님께서 십자가에 못 박히신 곳에 정원이 있었는데,
그 정원에는 아직 아무도 묻힌 적이 없는 새 무덤이 있었다. …
그들은 예수님을 그곳에 모셨다. (요한19, 41-42)

하느님은 정원을 가꾸시고 선선한 저녁 때 그곳을 거니신다. 예수님은 종종 기도하러 정원에 가셨다. 그분이 수난에 앞서 마지막 기도를 바친 곳이 정원이었다. 그분은 죽은 뒤에도 정원에 묻혔다. 정원은 관상 혹은 정관(靜觀)과 기도(祈禱)를 위한 곳이다. 예수는 광휘(光輝), 꽃들의 아름다움, 산과 들에 대하여 얼마나 민감한 감수성을 보여주었던가. 그것들은 그분에게 그분의 아버지[聖父]의 영광의 투명한 반사(反射)였다.

꽃들은 겸손하고 온유하고 무력하다. 꽃들은 장차 다가올 그 무언가의 표징, 곧 그것은 언젠가는 열매를 맺을 그 어떤 표징이다. 꽃들은 단지 곤충들이 수분(受粉)을 할 수 있도록 그 무엇인가를 하는 방편일 뿐이다. 꽃들은 그저 거기 있을 뿐이다. 그것은 만지면 으스러질 것 같은 섬세하고 아름다운 자태로 짧은 생의 주기를 살면서 생명을 지속시킬 수 있도록 끌어 당기는 매력이 있다. 그러고는 한 주기를 마무리한다. 꽃이 있는 정원을 거니는 것은 도처에 약동하는 생명에 대한 외경과 감사의 압도하는 느낌을 체험하는 일이다. 그리고 꽃들의 얼굴들, 예술가이신 하느님의 엄청나게 많은 경이로운 일들은 그분의 사랑의 기쁜 선물이다.

당신의 얼굴을 담은
사랑스러운 꽃
스치는 미풍에
당신의 향기를 흩뿌리지

꽃들은 실상 땅의 노래요 교향곡이다. 그들은 땅에서 퍼져 나오는 기쁨이요 충일함이다. 하루 혹은 한 주간 피는 한 송이 꽃은 한 사람의 생애의 모든 것을 반영한다. 곧 봉오리가 생기고, 꽃을 피운 뒤, 시들어 사라진다. 봄이 지나 여름이 오고, 가을을 지나 겨울을 맞이한다. 어린 시절과 젊은 시절, 성숙기를 거쳐 노년기에 이른다. 꽃들은 얼마나 무력한지, 저항할 수 없어, 그들을 꺾으려는 아주 어린 꼬마들에게 조차 자신을 내어준다. 대체로 살아 있는 생명체들은 자신들을 어린이에게 쉽게 내어주지 않는다.

꽃들은 사랑과 봉헌과 충실의 표징으로, 제단을 꾸미는데 쓰인다. 꽃들은 기쁨과 축제를 위한 것이다. 한 가족의 식탁에 놓인 꽃들을 보라. 꽃들은 감사와 기념[기억]을 위한 것이기도 하다. 축제의 전야제에서 그리고 무덤을 방문하여 고인을 기릴 때.

꽃들을 자르는 것은 파스카 신비, 곧 죽음에 처해지는 절묘하고 처절한 아름다움을 반영한다. 꽃들의 희생—그것들은 오직 한번만 이루어질 수 있다. 오늘이 그들의 전 생애의 절정이요, 그들이 가진 전부를 바치는 유일한 날이다. 태양은 황혼녘, 곧 그것이 저물어 갈 때 제일 풍요롭고 충만한 그 아름다움을 드러낸다. 그런 점에서 그것은 꽃과 같으며, 가장 그윽한 아름다움이 사라질 때, 그 자신을 온전한 선물로 봉헌할 때 드러난다. 그것이 사라질 때, 사랑스러운 그 무엇이 영원히 우리 안에 남겨져 기억된다.

누가 꽃들을 아기 예수님의 말구유에, 그분의 무덤에 가져왔나?—성탄절의 꽃들, 부활절의 꽃들, 성체성혈 대축일의 꽃들과 성령강림절의 꽃들.

꽃들의 송가: 들꽃들, 산에 핀 꽃들, 정원에 핀 꽃들, 집안의 꽃들. 우리는 우리가 경작하고 가꾼 그 무엇이 된다. 우리는 꽃들에게 말하고, 그것들은 우리에게 말한다. 꽃들은 우리를 가르치고, 우리는 그들에게 빚을 지게 된다. 모든 시인이 알듯이, 그들은 그들 자신의 신학을 가지고 있다. "갈라진 벽 틈새에 핀 꽃, 네가 무엇이었는지 알았더라면, 뿌리와 전부, 하느님과 인간이 무엇인지 내가 알 수 있다면."

당신의 꽃은 무엇입니까? 당신은 무슨 꽃을 골랐는지요? 당신의 색깔, 당신의 방향(芳香)은? 그들 모두! 나까지도!

이케바나(Ikebana, 生花)는 꽃꽂이를 가리키는 일본어이다. 그것은 꽃들을 살아있는 것처럼 생기 있게, 인간 생활의 한 부분으로 만드는 것을 의미한다. 인간의 기예(art)와 만날 때, 자연 그 자체가 영감을 불러일으키지 못하는 꽃들에게 인간은 새로운 차원의 생기를 창조해 낼 수 있다. 꽃꽂이는 선불교의 명상—관상(觀想) 혹은 정관(靜觀)의 한 형태이다. 그것은 감은(感恩)의 행위이고, 꽃들을 통하여 기도를 할 수 있도록 해주는 행위이다.

미리 기획되지 않은 있는 그대로의 들녘의 아름다움도 관상[정관]의 소재가 될 수 있다. 인간은 이두 셀 수 없이 무한한 아름다움의 다양함과 함께, 활짝 피어난 꽃들이 없이는 제격이라 할 수 없는 '벌판'에서 복잡하고 또 예견할 수 없는 여러 모양을 발견한다. 한 송이 꽃이 제 계절의 궤도에 따라 살아 있을 때, 또 다른 꽃이 피어나는데, 이것은 다른 꽃을 그냥 대신하는 것이 아니라, 우주의 율동에 따라 어찌 보면 치밀히 계획된 듯이 본래 있어야 할 자기 자리를 잡아 쑤욱 피어난 것이다.

꽃은 무력한가 하면, 그 안에 강함도 있다. 꽃들은 종종 자연의 지배에 도전한다. 어떤 꽃들은 눈 속에서 피어난다. 어떤 꽃들은 밤의 어둠이 채 가시지 않은 여명에, 또 어떤 꽃들은 어둑어둑한 황혼녘에 피어오른다. 또 다른 꽃들은 잎들이 돋아나기 전에 피어난다. 그리고 사막에 핀 꽃들 보다 더 경이로운 것이 있을까! '당신이 기르는 꽃'이라는 말을 들으면 우리는 무척 친밀한 그 무엇이 상기된다. 봄 꽃들이 있고, 봄 사람들이 있으니, 그것은 여린 풀잎처럼 연약하고, 훌쩍 스쳐지나가고, 예상 밖의 놀라움을 선사하는 그런 꽃, 그런 사람들이 있다. 여름 꽃들이 있고, 여름 사람들이 있다. 저들은 성장하기 위하여 사랑과 따뜻함이 필요한 '평범한' 꽃들이요 사람들이다. 가을 꽃들이 있고, 가을 사람들이 있다. 저들은 억세고, 누렇게 마른 볏짚 같으며, 짙고 풍요로운 색깔을 드리우니, 그것은 저들이 꽃을 피우기 위하여 오랜 시간을 견디어 왔기 때문 만이 아니라, 저들의 삶에 따르는 때이른 서리나 결빙을 견디어 내기 위해서일 것이다. 끝으로, 겨울 꽃들과 겨울 사람들이 있다. 생기없이 뻣뻣하고 황량한 가운데, 단단한 껍데기로 둘러싸고, 불모의 아름다움을 지니고 앙상하게 서있는 저들, 겨울 바람이 불고 지난 뒤의 벌판에 서있는 저들, 생명[삶]이 봄에 다시 새롭게 시작하도록 겨울이 모든 것을 치워 버릴 때, 참고 견뎌내며 여전히 서있는 저들이 있다.

꽃들로 가득 찬 세상, 넘치는 아름다움으로 가득한 세상의 모습은 이 땅 위에서 실현될 왕국[하느님 나라]의 모습이다. "정의가 꽃피는 그의 날에 저 달이 다하도록 평화 넘치리라." (시편71,7)

역주: 수분(受粉) - 벌과 나비가 발과 날개로 수꽃술의 꽃가루를 암 수술의 주두(柱頭)에 붙여 열매를 맺게 하는 것.

얼굴에 땀을 흘려야 양식을 먹을 수 있으리라. (창세3,19)

살렘 임금 멜키체덱도 빵과 포도주를 가지고 나왔다.
그는 지극히 높으신 하느님의 사제였다. (창세14,18)

너희는 이레 동안 누룩 없는 빵을 먹어야 한다.
아예 첫날에 너희 집 안에서 누룩을 치워 버려라.
첫날부터 이렛날까지 누룩 든 빵을 먹는 자는
누구든지 이스라엘에서 잘려 나갈 것이다. (탈출12,15)

주님께서 모세에게 말씀하셨다.
이제 내가 하늘에서 너희에게 양식을 비처럼 내려 줄 터이니,
백성은 날마다 나가서 그날 먹을 만큼 모아들이게 하여라.
이렇게 하여 나는 이 백성이 나의 지시를 따르는지 따르지 않는지
시험해 보겠다.
엿샛날에는, 그날 거두어들인 것으로 음식을 장만해 보면,
날마다 모아들이던 것의 갑절이 될 것이다. (탈출16,4-5)

주님께서 너희에게 저녁에는 먹을 고기를 주시고,
아침에는 배불리 먹을 빵을 주실 것이다. (탈출16,8)

엿새 동안 너희는 그것을 거두어들일 수 있다.
그러나 안식일인 이렛날에는 아무것도 없다. (탈출16,26)

이스라엘 집안은 그것의 이름을 만나라 하였다.
그것은 고수풀 씨앗처럼 하얗고,
그 맛은 꿀 섞은 과자 같았다. (탈출16,31)

너희는 사제를 거룩한 사람으로 대해야 한다.
그는 너희 하느님에게 양식을 바치는 사람이다.
사제는 너희에게 거룩한 사람이다.
너희를 거룩하게 하는 나 주님이 거룩하기 때문이다. (레위21,8)

그 등불들을 주님 앞 순금 등잔대 위에 늘 차려 놓게 하여라.
너희는 고운 곡식 가루를 가져다가,
하나에 십분의 이 에파를 들여 빵 과자 열두 개를 굽고,
주님 앞 순금 상 위에, 한 줄에 여섯 개씩 두 줄로 쌓아 놓아라. …
안식일마다 그것을 주님 앞에 늘 차려 놓아야 한다. (레위24,4-8)

그분께서는 너희를 낮추시고 굶주리게 하신 다음,
너희도 모르고 너희 조상들도 몰랐던 만나를 먹게 해 주셨다.
그것은 사람이 빵만으로 살지 않고,
주님의 입에서 나오는 모든 말씀으로 산다는 것을
너희가 알게 하시려는 것이었다. (신명8,3)

너희는 와서 내 빵을 먹고 내가 섞은 술을 마셔라. (잠언9,5)

네 원수가 주리거든 먹을 것을 주고 목말라 하거든 물을 주어라.
(잠언22,9)

너는 기뻐하며 빵을 먹고 기분 좋게 술을 마셔라. (코헬9,7)

네 빵을 물 위에다 놓아 보내라.
많은 날이 지난 뒤에도 그것을 찾을 수 있으리라. (코헬11,1)

이 돌들에게 빵이 되라고 해 보시오. (마태4, 3)

오늘 저희에게 일용할 양식을 주소서. (마태6, 11)

빵 다섯 개와 물고기 두 마리를 손에 들고
하늘을 우러러 찬미를 드리신 다음 빵을 떼어 제자들에게 주시니,
제자들이 그것을 군중에게 나누어 주었다. (마태14, 19)

이 광야에서 이렇게 많은 군중을 배불리 먹일 만한 빵을
어디서 구하겠습니까? (마태15, 33)

무교절 첫날 곧 파스카 양을 잡는 날에 제자들이 예수님께,
"스승님께서 잡수실 파스카 음식을
어디에 가서 차리면 좋겠습니까?" 하고 물었다. (마르14, 12)

예수님께서는 또 빵을 들고 감사를 드리신 다음,
그것을 떼어 사도들에게 주시며 말씀하셨다.
"이는 너희를 위하여 내어 주는 내 몸이다.
너희는 나를 기억하여 이를 행하여라." (루카22, 19)

그들도 길에서 겪은 일과 빵을 떼실 때에
그분을 알아보게 된 일을 이야기해 주었다. (루카24, 35)

예수님께서 그들에게 이르셨다.
"내가 진실로 진실로 너희에게 말한다.
하늘에서 너희에게 빵을 내려 준 이는 모세가 아니다.
하늘에서 너희에게 참된 빵을 내려 주시는 분은 내 아버지시다."
(요한6, 32)

그들이 예수님께 "선생님, 그 빵을 늘 저희에게 주십시오." 하자,
예수님께서 그들에게 이르셨다.
"내가 생명의 빵이다.
나에게 오는 사람은 결코 배고프지 않을 것이다." (요한6, 34-35)

"나는 생명의 빵이다.
너희 조상들은 광야에서 만나를 먹고도 죽었다.
그러나 이 빵은 하늘에서 내려오는 것으로,

이 빵을 먹는 사람은 죽지 않는다.
나는 하늘에서 내려온 살아 있는 빵이다.
누구든지 이 빵을 먹으면 영원히 살 것이다.
내가 줄 빵은 세상에 생명을 주는 나의 살이다." (요한6, 48-51)

제 빵을 먹던 그가 발꿈치를 치켜들며 저에게 대들었습니다.
(요한13, 18)

그들이 뭍에 내려서 보니,
숯불이 있고 그 위에 물고기가 놓여 있고 빵도 있었다. (요한21, 9)

그들은 사도들의 가르침을 받고 친교를 이루며 빵을 떼어 나누고
기도하는 일에 전념하였다. (사도2. 42)

그들은 날마다 한마음으로 성전에 열심히 모이고
이 집 저 집에서 빵을 떼어 나누었으며,
즐겁고 순박한 마음으로 음식을 함께 먹었다. (사도2, 47)

주간 첫날에 우리는 빵을 떼어 나누려고 모였다. (사도20, 7)

바오로는 다시 올라가 빵을 떼어 나누고 또 식사를 한 다음,
날이 샐 때까지 오래 이야기를 하고 나서 떠났다. (사도20, 11)

이렇게 말한 바오로는 모든 사람 앞에서
빵을 들어 하느님께 감사를 드린 다음
그것을 떼어서 먹기 시작하였다. (사도27,35)

우리가 떼는 빵은 그리스도의 몸에 동참하는 것이 아닙니까?
빵이 하나이므로 우리는 여럿일지라도 한 몸입니다.
우리 모두 한 빵을 함께 나누기 때문입니다. (1코린10, 16-17)

사실 주님께서 오실 때까지,
여러분은 이 빵을 먹고 이 잔을 마실 적마다
주님의 죽음을 전하는 것입니다.
그러므로 부당하게 주님의 빵을 먹거나 그분의 잔을 마시는 자는
주님의 몸과 피에 죄를 짓게 됩니다.
그러니 각 사람은 자신을 돌이켜보고 나서
이 빵을 먹고 이 잔을 마셔야 합니다. (1코린10, 26-28)

마태오는 예수께서 "사십일 밤낮 단식하여 몹시 시장하였다."고 우리에게 전한다. 이것은 마태오가 예수께서 공생활을 시작할 때, 예수님에 관하여 한 진술이다. 루카의 마지막 장에 "여기 무얼 좀 먹을 게 있느냐?" 하는 예수님의 물음이 기록되어 있다(루카24.42). 예수께서 겪은 이와 같은 인간의 배고픔은 대단히 인상적이다. 우리 가운데 얼마나 많은 사람들이 그와 같은 욕구[식욕]를 가지고 있는지! 루카는 그의 복음서에서 계속하여 "그들은 예수께 구운 생선 한 토막을 드렸으며, 그분은 그들[제자들] 면전에서 그것을 받아 드셨다."고 진술한다. 예수께서는 신선한 빵도 아마 좋아 했을 것이다. 그분은 베들레헴(Bethlehem) 곧 빵집(the house of bread)에서 태어났다. 예수께서 매일 자신의 손으로 빵을 집어 들었을 때, 그 빵은 얼마나 깊은 의미를 담고 있었을까! 그분이 빵을 변형시켜 우리에게 주어질 자신의 몸으로 만들므로 언젠가 모든 빵이 거룩해지리라고 생각했을 때, 그분의 내면에서 미리 예견된 기쁨이 얼마나 많이 샘솟았을까. 그분은 군중들을 땅의 소출로 만든 빵을 먹이는 일에 얼마나 많은 관심을 기울였던가. 나아가 그분은 하늘에서 내려온 생명의 빵을 먹이는 일에는 얼마나 더 큰 관심을 기울였던가!

빵은 참으로 생명을 지탱하도록 하는 것이다. 그것은 모든 인간의 보편적인 음식이며, 모든 계층의 사람들을 위한 것이다. 자연은 곧바로 빵을 생산해내지 못한다. 성경에 빵에 대한 최초의 언급은 '이마의 땀'과 관련되어 있다. 빵은 인간이 만들어낸 것으로, 인간 특유의 생산품이다. 당신이 빵을 구하는 곳에서 당신은 사람을 발견한다. 수많은 천년 왕국의 출현은 빵을 만드는 것과 관련되어 있다. 오늘날에 있어서도 빵을 만드는 일은 결코 간단한 일이 아니다. 그리고 실제로 빵의 형태와 그 만들 수 있는 방법은 셀 수 없이 많다. 각각의 문화와 민족마다 그들 자신의 고유한 빵이 있다. 어쩌면 빵 하나에도 그 민족 특유의 것이 반영되어 있다. 세계 역사 안에서 빵은 대단히 중요하다. 빵[일용할 양식]이 부족하여 빵 문제를 해결하려고, 얼마나 많은 전쟁이 일어났고, 얼마나 많은 사람이 죽어갔는가. 오늘날에도 '그들은 빵이 없다'는 외침이 지구 구석 구석에서 얼마나 자주 들리는가. 집안의 생계를 도모해야 할 사람이 일이 없고 직장과 일거리가 없어 이 사회에서 떠밀려 난 사람들이 한 끼니를 위하여 열을 지어 배급을 기다리고 있을 때, 얼마나 많은 도시와 가족들이 걱정에 휩싸여 있는가.

빵은 인간의 손으로 만들어 내는 것으로, 이것은 인간의 가장 기본적인 손으로 하는 노동이다. 우리는 우리 자신의 상상, 생각 혹은 관념으로 우리 자신의 배를 채울 수 없다. 정신은 빵[물질]에 의존한다. 그것은 우리 자신의 바깥에서 온다. 그것은 온전한 선물로 주어진다. 그것은 언제나 축복이며, 우리를 기도하도록, 감사하는 마음을 지니고 사의를 표하도록 이끌며, 성체성사로 초대한다. 우리는 사실상 거의 빵에 의존하여 살아 갈 수 있을 뿐이다. 그것이 없으면 우리는 죽을 것이다. 그러나 그럼에도 불구하고 빵 만으로는 충분하지 않다.

생명(life)을 주는 것은 영(spirit)이요
육(flesh)은 아무 소용이 없습니다.
내가 당신들에게 한 말은 영이며 생명입니다.
나는 하늘에서 내려온 살아있는 빵입니다.
이 빵을 먹는 사람은 영원히 살 것입니다.

예수께서는 생계를 위하여 일하는 사람이다. 성체성사는 우리를 영원한 생명으로 인도하는 빵을 제공하는 길이다.

포도주

농부인 노아는 포도밭을 가꾸는 첫 사람이 되었다.
그가 포도주를 마시고 취하여 누워 있었다. (창세9, 20)

살렘 임금 멜키체덱도 빵과 포도주를 가지고 나왔다.
그는 지극히 높으신 하느님의 사제였다. (창세14, 18)

너희는 성소에서 주님에게 독주(포도주)를
제주로 부어 바쳐야 한다. (민수28, 7)

포도나무가 그들에게 대답하였네.
'신들과 사람들을 흥겹게 해 주는 이 포도주를 포기하고
다른 나무들 위로 가서 흔들거리란 말인가?' (판관9, 13)

포도주는 광야에서 지친 이가 마실 것입니다. (2사무16, 3)

당신 백성에게 고생을 겪게 하시고
저희에게 어지럼 이는 술을 마시게 하셨습니다. (시편60, 3)

그러나 주님께서는 잠자던 사람처럼,
술로 달아오른 용사처럼 깨어나셨다.
당신 적들을 물리치시고 그들에게 영원한 수치를 안겨 주셨다.
(시편78, 65-66)

인간의 마음을 즐겁게 하는 술을 얻게 하시고 … (시편104, 15)

나 무엇으로 주님께 갚으리오? 내게 베푸신 그 모든 은혜를.
구원의 잔을 들고서 주님의 이름을 받들어 부르네. (시편116, 12-13)

늦도록 술자리를 뜰 줄 모르는 자들 혼합주를 맛보러 온 자들이다.
빛깔이 좋다고 술을 들여다보지 마라.
그것이 잔 속에서 광채를 낸다 해도,
목구멍에 매끄럽게 넘어간다 해도 그러지 마라.
결국은 뱀처럼 물고 살무사처럼 독을 쏜다. (잠언23, 30-31)

독주는 죽어 가는 이에게, 술은 상심한 이에게 주어라.
그것을 마시면 가난을 잊고 괴로움을 더 이상 생각하지 않으리라.
(잠언31, 6-7)

사람들은 즐기려고 음식을 장만한다.
술은 인생을 즐겁게 한다. (코헬10, 19)

당신의 사랑은 포도주보다 달콤하답니다.
우리는 당신의 사랑을 포도주보다 더 기리리다. (아가1, 2-4)

그대의 사랑은 포도주보다 얼마나 더 달콤하고 … (아가4, 10)

내 몰약과 발삼을 거두고 꿀이 든 내 꿀송이를 먹고
젖과 함께 내 포도주를 마신다오. …
먹어라, 벗들아. 마셔라, 사랑에 취하여라. (아가5, 1)

그대의 입은 좋은 포도주 같아라. …
그래요, 나는 나의 연인에게 곧바로 흘러가는,
잠자는 이들의 입술로 흘러드는 포도주랍니다. (아가7, 10)

새 포도주를 헌 가죽 부대에 담지 않는다.
그렇게 하면 부대가 터져 포도주는 쏟아지고 부대도 버리게 된다.
새 포도주는 새 부대에 담아야 한다.
그래야 둘 다 보존된다. (마태9, 17)

그들이 몰약을 탄 포도주를 예수님께 건넸지만
그분께서는 받지 않으셨다. (미르15, 23)

포도주가 떨어지자 예수님의 어머니가 예수님께
"포도주가 없구나." 하였다. ···
"물독에 물을 채워라." ··· 포도주가 된 물을 맛보고 ···
과방장이 신랑을 불러 그에게 말하였다. ···
지금까지 좋은 포도주를 남겨 두셨군요. (요한2, 3-10)

사람의 아들이 와서 먹고 마시자,
'보라, 저자는 먹보요 술꾼이며
세리와 죄인들의 친구다.' 하고 너희는 말한다. (루카2, 4)

그들이 음식을 먹고 있을 때에 예수님께서 ···
또 잔을 들어 감사를 드리신 다음 제자들에게 주시며 말씀하셨다.
"모두 이 잔을 마셔라.
이는 죄를 용서해 주려고 많은 사람을 위하여 흘리는 내 계약의 피다.
내가 너희에게 말한다.
내 아버지의 나라에서 너희와 함께 새 포도주를 마실 그날까지,
이제부터 포도나무 열매로 빚은 것을 다시는 마시지 않겠다."
(마태26, 26-29)

나는 참포도나무요 나의 아버지는 농부이시다.
나에게 붙어 있으면서 열매를 맺지 않는 가지는 아버지께서 다 쳐내시고,

열매를 맺는 가지는 모두 깨끗이 손질하시어
더 많은 열매를 맺게 하신다. …
내가 너희에게 이 말을 한 이유는,
내 기쁨이 너희 안에 있고 또 너희 기쁨이 충만하게 하려는 것이다. …
너희가 가서 열매를 맺어
너희의 그 열매가 언제나 남아 있게 하려는 것이다. (요한15장)

그들은 … "새 포도주에 취했군." 하며 비웃었다. (사도2, 12-13)

이제는 물만 마시지 말고, 그대의 위장이나 잦은 병을 생각하여
포도주도 좀 마시십시오. (1티모5, 23)

성경의 전승에 따르면 포도주에 대한 최초의 언급은 창세기에 있다. 그리고 맨 처음으로 포도나무를 심은 것은 노아였다. 그는 포도주를 마시고 취하기도 했다. 포도주에 대한 두번째 언급도 역시 창세기에 나온다. "살렘의 왕, 멜키체덱은 빵과 포도주를 가져왔다. 그는 지극히 높으신 하느님의 사제였다." 그러한 이야기가 시간의 시작과 더불어 오늘 우리 시대에까지 전해 내려온다. "하느님께서는 당신이 만드신 모든 것을 보셨는데, 그것은 참으로 좋았다." 그런데 인간의 손으로 만들어진 것들 가운데서, 본래 좋은 것이 저주도 될 수 있고 축복이 될 수도 있으며, 들어 올려지거나 내쳐지기도 한다.

포도주[술]는 슬플 때 마시기도 하고, 기쁠 때 마시기도 한다. 포도주는 결혼식 때 마시기도 하고, 장례식 때 마시기도 한다. 포도주는 하느님[신]과 인간의 마음을 위로하고 기쁘게 한다. 하느님은 인간이 행복해 하는 것을 즐겨하신다. 포도주는 가난한 이들의 위로다. 포도주는 축제요, 사랑과 기쁨의 언어이다.

　예수께서 '먹고 마시러' 온 것은 얼마나 멋진 일인가. 예수님의 공생활이 시작된 이래, 어느 혼인 잔치에서 그분의 모친 마리아께서 그분에게 부탁한 첫 마디는 '포도주가 다 떨어졌다'는 것이었다.

　예수님은 포도주를 아주 훌륭히 만드는 이로서, 모든 포도주 저장 전문가들의 형제이다. 그는 자신이 참된 포도나무이고 우리가 그 나무에 접목되어 있다고 천명하였다. 그분의 얼[靈, Spirit]은 우리 안에 내재한 새로운 포도주이다. 그분은 우리가 그분의 잔을 들고 그 포도주를 흠뻑 마시고, 그분의 피가 되어 그분의 죽음과 부활을 선포하고, 그분이 다시 오실 때까지 위로하며 살라고 명한다.

　그리고 그분은 언젠가 그분과 함께 새로운 포도주를 마시게 될 그분의 아버지의 나라에서 우리를 기다리신다. 그날까지, 우리는 그분의 포도주가 되고, 그분의 기쁨이 되고, 그분의 부활이 된다.

욥

이 말을 듣고나서 내 가슴이 요동치고,
내 가슴이 뛴다.

들어라. 오, 들어 봐라, 그 포효하는 소리를
그의 입에서 터져나오는 고함소리를.

하늘과 땅 사이를 가르는 그 섬광은
땅 저 끝 까지 뻗어가 작렬한다.

그의 목소리가 포효하고 난 뒤,
하느님의 장엄한 우뢰 소리, 우르릉.

그가 내뱉는 소리의 울림이 더 없을 때까지
그는 벽력 같은 그 우뢰 소리를 제지하지 않는다.

그것에 대해 의심의 여지는 없고, 하느님은 경이로움을 보여주는데,
그것은 우리가 이해할 수 없는 위대한 행위이다.

눈이 펑펑 쏟아져 내리라거나,
폭우가 내리라고 그가 말할 때,

그는 모든 사람들의 힘을 쏟아부어 그것을 멈추려고 한다,
각자 자신의 손으로 하는 일을 반드시 알도록.

모든 짐승들이 그들의 거처로 돌아가서,
그 곳을 자신들의 은둔처로 삼는다.

남쪽 바람 곳에서 폭풍이 몰려오고,
북풍이 불어와 냉기를 내 뿜는다.

하느님이 숨을 내쉬니, 얼음이 얼고,
물의 표면은 모두 얼어붙는다.

그 분은 물기 가득 머금은 구름을 들고 있고,
폭풍 구름 가운데서 섬광이 작렬한다.

그 분은 계절의 바퀴를 제어하여,
계절의 변화를 주도하시니:

계절은 그분이 하달한 명령을
그가 사는 세상에 전달한다.

땅 위에 사는 사람들은 처벌하는 것이든
그들에게 자비를 베푸는 것이든, 그는 그 명령을 전달한다.

욥, 이 모든 것을 유념해라. 지금 뒤로 물러서지 마라!

하느님이 그것들을 어떻게 제어하는지 말할 수 있고,
그 분이 만드신 구름에서 어떻게 번개가 치는지 말할 수 있느냐?

그 분이 어떻게 구름이 머물도록 균형을 유지할 수 있는지,
기적 같은 그 고도의 기예에 대하여 말할 수 있느냐?

네 옷이 네 몸을 따뜻하게 덥히고
땅이 남풍 아래 여전히 누워있을 때,

그 분이 하늘의 둥근 천장을 넓히도록 도울 수 있고,
쇠로 만든 거울이 제 구실을 하도록 할 수 있느냐?

그분에게 할 말을 나에게 해다오.

내 말들을 그 분의 말씀과 견주어 볼 수 있느냐?
인간의 명령이 그 분의 귓가에 이르게 할 수 있느냐?

어두운 구름 뒤 편에
빛이 사라질 때가 있다;

그 때가 되면 바람이 일어, 그것들을 쓸어버리고,
북쪽에서 섬광이 퍼져 나간다.

하느님은 무시무시한 빛의 옷을 입으시니:
그 분은 우리가 이를 수 없이 아득히 높은 곳에 계신
전능하신 분이시다.

전능하시고 공평하시고,
지극히 정의로우시며, 아무도 억압하지 않으시는 —

사람들이 그 분을 두려워하는 것은 놀라울 일이 아니며,
사려깊은 사람들은 그 분을 경외한다.

뒤 늦게 당신을 사랑했습니다

뒤 늦게 당신을 사랑했습니다
이렇듯 오랜,
이렇듯 새로운 아름다우심이여!

뒤 늦게 당신을 사랑했습니다.
그리고 바라보았습니다.

당신이 제 안에 계시거늘,
저는 밖에서,
제 밖에서 당신을 찾았습니다.

당신이 만드신 아름다운 피조물을 쫓았으나
끝내 그것들을 일그러뜨렸습니다.

당신이 제 안에 계셨건만
저는 당신과 함께하지 않았습니다.

본래 당신 안에 머물러 있어야 할 피조물,
그러한 피조물에 제 눈이 멀어,
당신에게서 멀어졌습니다.

당신은 부르시고 고함을 치시어
절벽이던 제 귀를 트이셨습니다.
당신은 비추시고 밝히시어
제 눈멀음을 쫓아내셨습니다.

당신은 향내음이 되시었고,
저는 그 향내음을 깊이 들이쉬고,
한숨지었습니다.

저는 당신을 맛본 뒤로
기갈을 느끼옵고,
더더욱 당신을 목말라합니다.

당신이 저를 한 번 만지시므로
저는 당신의 품을 못내 그리워 합니다.

—성 아우구스티누스(354-430)의 기도

어린이들

하느님께서 그들에게 복을 내리며 말씀하셨다.
"자식을 많이 낳고 번성하여 땅을 가득 채우고 지배하여라." (창세1, 28)

그러고는 그를 밖으로 데리고 나가서 말씀하셨다.
"하늘을 쳐다보아라. 네가 셀 수 있거든 저 별들을 세어 보아라."
그에게 또 말씀하셨다.
"너의 후손이 저렇게 많아질 것이다." (창세15, 5)

너희는 마치 사람이 제 아들을 업고 다니듯,
주 너희 하느님께서 너희가 이곳에 다다를 때까지 걸어온 그 모든 길에서
줄곧 너희를 업고 다니시는 것을 광야에서 보았는데 … (신명1, 31)

보라, 아들들은 주님의 선물이요 몸의 소생은 그분의 상급이다.
(시편127, 3)

네 집 안방에는 아내가 풍성한 포도나무 같고
네 밥상 둘레에는 아들들이 올리브 나무 햇순들 같구나. (시편128, 3)

오히려 저는 제 영혼을 가다듬고 가라앉혔습니다.
어미 품에 안긴 젖 뗀 아기 같습니다.
저에게 제 영혼은 젖 뗀 아기 같습니다. (시편131, 2)

이스라엘이 아이였을 때에 나는 그를 사랑하여 나의 그 아들을 이집트에서 불러내었다. 내가 에프라임에게 걸음마를 가르쳐 주고 내 팔로 안아 주었지만 그들은 내가 자기들의 병을 고쳐 준 줄을 알지 못하였다.

나는 인정의 끈으로, 사랑의 줄로 그들을 끌어당겼으며 젖먹이처럼 들어 올려 뺨을 비비고 몸을 굽혀 먹여 주었다. (호세11,1-4)

늑대가 새끼 양과 함께 살고 표범이 새끼 염소와 함께 지내리라.
송아지가 새끼 사자와 더불어 살쪄 가고
어린아이가 그들을 몰고 다니리라. (이사11,6)

보십시오, 젊은 여인이 잉태하여 아들을 낳고
그 이름을 임마누엘이라 할 것입니다. (이사7,14; 마태1,23)

베들레헴과 그 온 일대에 사는 두 살 이하의 사내아이들을 모조리 죽여
버렸다. "라마에서 소리가 들린다. 울음소리와 애끊는 통곡 소리. 라헬이
자식들을 잃고 운다. 자식들이 없으니 위로도 마다한다."
(마태2, 16-18; 예레31, 15)

행복하여라, 평화를 이루는 사람들!
그들은 하느님의 자녀라 불릴 것이다. (마태5, 9)

너희는 원수를 사랑하여라.
그리고 너희를 박해하는 자들을 위하여 기도하여라.
그래야 너희가 하늘에 계신 너희 아버지의 자녀가 될 수 있다. (마태5, 44-45)

이 세대를 무엇에 비기랴?
장터에 앉아 서로 부르며 이렇게 말하는 아이들과 같다. (마태11, 16)

좋은 씨는 하늘 나라의 자녀들이다. (마태13, 38)
누구든지 이런 어린이 하나를 내 이름으로 받아들이면
나를 받아들이는 것이다. (마태18, 5)

너희는 이 작은 이들 가운데 하나라도 업신여기지 않도록 주의하여라.
내가 너희에게 말한다.
하늘에서 그들의 천사들이
하늘에 계신 내 아버지의 얼굴을 늘 보고 있다. (마태18, 10)

"하늘 나라에서는 누가 가장 큰 사람입니까?"
그러자 예수님께서 어린이 하나를 불러
그들 가운데에 세우시고 이르셨다.
"내가 진실로 너희에게 말한다. 너희가 회개하여 어린이처럼 되지 않으
면, 결코 하늘 나라에 들어가지 못한다. 그러므로 누구든지 이 어린이처
럼 자신을 낮추는 이가 하늘 나라에서 가장 큰 사람이다." (마태18, 1-4)

사람들이 어린이들을 예수님께 데리고 와서
그들에게 손을 얹고 기도해 달라고 하였다. (마태19, 13)

수석 사제들과 율법 학자들이 예수님께서 일으키신 기적들을 보고, 또 성전에서 "다윗의 자손께 호산나!" 하고 외치는 아이들을 보고 불쾌해하며, 예수님께 "저 아이들이 무어라고 하는지 듣고 있소?" 하였다. 예수님께서 그들에게 말씀하셨다. "그렇다. '당신께서는 아기들과 젖먹이들의 입에서 찬양이 나오게 하셨습니다.'라는 말씀을 너희는 읽어 본 적이 없느냐?" (마태21, 15-16)

암탉이 제 병아리들을 날개 밑으로 모으듯,
내가 몇 번이나 너의 자녀들을 모으려고 하였던가? (마태23, 38)

누구든지 이런 어린이 하나를 내 이름으로 받아들이면 나를 받아들이는 것이다. 그리고 나를 받아들이는 사람은 나를 받아들이는 것이 아니라 나를 보내신 분을 받아들이는 것이다. (마르9, 37)

사람들이 어린이들을 예수님께 데리고 와서 그들을 쓰다듬어 달라고 하였다. 그러자 제자들이 사람들을 꾸짖었다. 예수님께서는 그것을 보시고 언짢아하시며 제자들에게 이르셨다. "어린이들이 나에게 오는 것을 막지 말고 그냥 놓아두어라. 사실 하느님의 나라는 이 어린이들과 같은 사람들의 것이다. 내가 진실로 너희에게 말한다. 어린이와 같이 하느님의 나라를 받아들이지 않는 자는 결코 그곳에 들어가지 못한다." 그러고 나서 어린이들을 끌어안으시고 그들에게 손을 얹어 축복해 주셨다. (마르10, 13-16)

엘리사벳이 마리아의 인사말을 들을 때 그의 태 안에서 아기가 뛰놀았다. 엘리사벳은 성령으로 가득 찼다. (루카1, 41)

(목자들은) 서둘러 가서,
마리아와 요셉과 구유에 누운 아기를 찾아냈다. (루카2,16)

보십시오, 이 아기는 이스라엘에서 많은 사람을 쓰러지게도 하고
일어나게도 하며 … (루카2,34)

이 세상의 자녀들이 저희끼리 거래하는 데에는
빛의 자녀들보다 영리하다. (루카16,8)

예루살렘의 딸들아,
나 때문에 울지 말고 너희와 너희 자녀들 때문에 울어라. (루카23,28)

빛이 너희 곁에 있는 동안에 그 빛을 믿어,
빛의 자녀가 되어라. (요한12,36)

얘들아, 내가 너희와 함께 있는 것도 잠시뿐이다. (요한13,33)

성령께서 몸소, 우리가 하느님의 자녀임을 우리의 영에게 증언해 주십니다. 자녀이면 상속자이기도 합니다. 우리는 하느님의 상속자입니다. 그리스도와 더불어 공동 상속자인 것입니다. 다만 그리스도와 함께 영광을 누리려면 그분과 함께 고난을 받아야 합니다. (로마8,16-17)

피조물도 멸망의 종살이에서 해방되어,
하느님의 자녀들이 누리는 영광의 자유를 얻을 것입니다. (로마8,21)

내가 아이였을 때에는
아이처럼 말하고 아이처럼 생각하고 아이처럼 헤아렸습니다.
그러나 어른이 되어서는
아이 적의 것들을 그만두었습니다. (1코린13,11)

나는 자녀에게 이르듯이 여러분에게 말합니다. (2코린 6, 13)

여러분은 모두 그리스도 예수님 안에서 믿음으로
하느님의 자녀가 되었습니다. (갈라 3, 26)

나의 자녀 여러분, 그리스도께서 여러분 안에 모습을 갖추실 때까지
나는 다시 산고를 겪고 있습니다. (갈라 4, 19)

예수 그리스도를 통하여 우리를
당신의 자녀로 삼으시기로 미리 정하셨습니다. (에페 1, 5)

그러므로 사랑받는 자녀답게
하느님을 본받는 사람이 되십시오. (에페 5, 1)

그러니 이제 자녀 여러분, 그분 안에 머무르십시오. (1요한 2, 28)

아버지께서 우리에게 얼마나 큰 사랑을 주시어 우리가 하느님의 자녀라
불리게 되었는지 생각해 보십시오. (1요한 3, 1)

그리고 하늘에 큰 표징이 나타났습니다. 태양을 입고 발밑에 달을 두고
머리에 열두 개 별로 된 관을 쓴 여인이 나타난 것입니다. 그 여인은 아
기를 배고 있었는데, 해산의 진통과 괴로움으로 울부짖고 있었습니다.
(묵시 12, 1-2)

우리가 어린이들을 인식하기 시작하면, 우리는 이미 유년기를 넘
어선 것이다. 그래도 우리는 유년시절을 결코 잊을 수 없다. 우리가
유년시절에 해를 거듭하며 경험한 것들이 우리 안에 남아있다. 어린

이들과 함께 했던 그 기쁨은 우리의 내면에 여전히 남아있고, 그것을 회고 할 때 어린아이는 우리의 내면에서 재발견된다.

어린이들은 작은 사람들이다. 우리는 그들의 다양한 크기, 모양, 형태를 대하며 늘 경이로움을 맛본다. 어떤 사람들은 새들을 관찰한다. 그러나 모든 사람들이 어린이들을 관찰한다. 어린이들은 어른들에게 시간을 되돌려 준다. 어린이는 참으로 우리를 (그 어떤 곳으로) 인도하고, 자유롭게하며, 하나로 묶어준다. 어린이는 거리와 방과 버스 그리고 비행기에 평화와 기쁨과 희망을 가져다 줄 수 있다. 어린이와 함께 걷다보면 거듭거듭 걷는 법을 배우게 된다. 그것은 새로운 눈으로 보고, 새로운 귀로 듣고, 새로운 손으로 만지는 것이다. 어린이들은 창조주 하느님께서 말씀하신 대로 첫 번째 축복이다. 모든 어린이는 하느님께서 세상에 아직 주시지 않은 그 어떤 약속이요 보증이다.

> 어린이들의 눈길에 영롱한 기쁨
> 순진무구한 저들의 닮음
> 저들의 온전한 믿음
> 거리낌없는 저들의 사랑!

어린이의 세계는 우리가 보고 접촉하고 냄새 맡고 맛 보는 바로 오늘이요, 지금 이 환경이다. 선악에 대한 지식과 역사는 아직 등장하지 않았다. 선량함이나 혹은 그 반대의 가능성이 제한 없이 거기에 존재한다. 그 시절은 아무 것도 미리 예정된 것이 없는 나이이며, 모든 것은 전적으로 경험이다. 다만 성찰과 이해가 시작된다.

어린이들이 없는 우리의 일생은 무엇에 비길 수 있을까? 크리스마

스가 없다면 우리에게 어떤 일이 일어날 수 있을까? "예수님은 갓난 아기였었다!" 우리가 그랬듯이 그분은 유년기를 보냈다. "너희가 어린아이 처럼 되지 않으면" "어린이가 저들을 인도할 것이다." 라고 하신 예수님의 말씀은 매우 중요한 주제이다. 우리가 하늘에 계신 성부(the Father), 아빠(Abba)를 발견하면 하는 그 만큼, 우리는 어린 아이가 되어갈 수 있다.

가족, 친구들

주님께서는 마치 사람이 자기 친구에게 말하듯,
모세와 얼굴을 마주하여 말씀하시곤 하였다. (탈출 33,11)

너희 품의 아내나 너희 목숨과도 같은 친구 (신명 13,6)

나의 형 요나탄 형 때문에 내 마음이 아프오.
형은 나에게 그토록 소중하였고 나에 대한 형의 사랑은
여인의 사랑보다 아름다웠소. (2사무 1,26)

토빗이 물었다.
"형제여, 그대는 어느 가문에 속하오? 어느 지파 출신이오?
형제여, 나에게 말해 보시오." (토빗 5,11)

토비야는 길을 떠나려고 집을 나서면서
자기 아버지와 어머니에게 입을 맞추었다. (토빗 5,17)

욥이 제 친구들을 위하여 기도드리자,
주님께서는 그의 운명을 되돌리셨다. (욥 42,10)

네 집 안방에는 아내가 풍성한 포도나무 같고
네 밥상 둘레에는 아들들이 올리브 나무 햇순들 같구나. (시편 128,3)

보라, 얼마나 좋고 얼마나 즐거운가,
형제들이 함께 사는 것이! (시편 133,1)

친구란 언제나 사랑해 주는 사람이고
형제란 어려울 때 도우려고 태어난 사람이다. (잠언17,17)

서로 해나 끼치는 친구들이 있는가 하면
형제보다 더 가까운 벗이 있다. (잠언18,24)

네 친구와 아버지의 친구를 저버리지 말고
불행할 때 형제의 집으로 가지 마라.
가까운 이웃이 먼 형제보다 낫다. (잠언27,10)

쇠는 쇠로 다듬어지고
사람은 이웃의 얼굴로 다듬어진다. (잠언27,17)

야곱 집안아,
이스라엘 집안의 모든 족속들아 주님의 말씀을 들어라. (예레2,4)

저자는 먹보요 술꾼이며 세리와 죄인들의 친구다. (마태11,19)

하늘에 계신 내 아버지의 뜻을 실행하는 사람이
내 형제요 누이요 어머니다. (마태12,50)

[베타니아—예수의 친구들이 사는 집] 예수님께서는 그들을 두고 성을 나와 베타니아로 가시어 그곳에서 밤을 지내셨다. (마태21,17)

예수님께서 베타니아에 있는 나병 환자 시몬의 집에 계실 때의 일이다.
어떤 여자가 매우 값진 향유가 든 옥합을 가지고 다가와 ••• (마태26,6)

친구야, 네가 하러 온 일을 하여라. (마태26,50)

"누가 내 어머니고 내 형제들이냐?"
하느님의 뜻을 실행하는 사람이
바로 내 형제요 누이요 어머니다. (마르3,34-35)

그는 다윗 집안의 자손이었다. (루카2,4)
주님의 법에 따라 모든 일을 마치고 나서, 그들은 갈릴래아에 있는 고향 나자렛으로 돌아갔다. 아기는 자라면서 튼튼해지고 지혜가 충만해졌으며, 하느님의 총애를 받았다. (루카2,39-40)

예수님은 부모와 함께 나자렛으로 내려가,
그들에게 순종하며 지냈다.
그의 어머니는 이 모든 일을 마음속에 간직하였다.
예수님은 지혜와 키가 자랐고
하느님과 사람들의 총애도 더하여 갔다. (루카2,51-52)

갈릴래아 카나에서 혼인 잔치가 있었는데, 예수님의 어머니도 거기에 계셨다. 예수님도 제자들과 함께 그 혼인 잔치에 초대를 받으셨다. •••

예수님께서는 처음으로 갈릴래아 카나에서 표징을 일으키시어, 당신의
영광을 드러내셨다. (요한2,1-11)

어떤 이가 병을 앓고 있었는데, 그는 마리아와 그 언니 마르타가 사는
베타니아 마을의 라자로였다. (요한11,1)

예수님께서는 눈물을 흘리셨다. 그러자 유다인들이 "보시오, 저분이 라
자로를 얼마나 사랑하셨는지!" 하고 말하였다. (요한11,35-36)

예수님께서는 파스카 축제 엿새 전에 베타니아로 가셨다.
그곳에는 라자로가 살고 있었다.
거기에서 예수님을 위한 잔치가 베풀어졌는데,
마르타는 시중을 들고 마리아가 향유 한 리트라를 가져와서,
예수님의 발에 붓고 그 발을 닦아 드렸다. (요한12,1-3)
친구들을 위하여 목숨을 내놓는 것보다 더 큰 사랑은 없다.
내가 너희에게 명령하는 것을 실천하면 너희는 나의 친구가 된다.
나는 너희를 더 이상 종이라고 부르지 않는다.
나는 너희를 친구라고 불렀다.
내가 내 아버지에게서 들은 것을
너희에게 모두 알려 주었기 때문이다. (요한15,13-15)
"이분이 네 어머니시다." 하고 말씀하셨다.
그때부터 그 제자가 그분을 자기 집에 모셨다. (요한19,27)

코르넬리우스는 자기 친척과 가까운 친구들을 불러 놓고 그들을 기다리
고 있었다. (사도10,24)

율리우스는 바오로에게 인정을 베풀어, 바오로가 친구들을 방문하여
그들에게 보살핌을 받도록 허락하였다. (사도27,3)

그리스도 예수님 때문에 이민족 여러분을 위하여 수인이 된 나 바오로가 말합니다. 나는 아버지 앞에 무릎을 꿇습니다. 하늘과 땅에 있는 모든 종족이 아버지에게서 이름을 받습니다. (에페 3,1;3,14-15)

남편 여러분, 그리스도께서 교회를 사랑하시고 교회를 위하여 당신 자신을 바치신 것처럼, 아내를 사랑하십시오. 그리스도께서 그렇게 하신 것은 교회를 말씀과 더불어 물로 씻어 깨끗하게 하셔서 거룩하게 하시려는 것이었습니다. 그러므로 남자는 아버지와 어머니를 떠나 아내와 결합하여, 둘이 한 몸이 됩니다. 여러분도 저마다 자기 아내를 자기 자신처럼 사랑하고, 아내도 남편을 존경해야 합니다. 자녀 여러분, 주님 안에서 부모에게 순종하십시오. 그것이 옳은 일입니다. "아버지와 어머니를 공경하여라." 이는 약속이 딸린 첫 계명입니다. "네가 잘되고 땅에서 오래 살 것이다." 하신 약속입니다. (에페 5,25-6,3)

나는 가족이 있고, 가정이 있다. 나는 아버지와 어머니가 있다. 나는 형제들과 자매들이 있다. 우리는 함께 한 조상을 통하여 한 나라로 돌아간다. 가족의 역사는 아주 오래 전에 시작되었다. 그런가하면 죄스러움 · 사랑 · 폭력 · 위대함 · 부끄러움 또한 우리 가족의 구성원이다. 우리가 가졌고 가질 수 있었던 모든 형제들과 자매들을 한 번 그려보라.

가족은 함께 성장하고, 서로 발견하고, 탐구하고, 기억하고 추억하는 길이다. 가족은 온 생애를 함께하고, 서로의 삶 안에서 살아간다. 저들의 웃음과 나의 웃음, 저들의 눈물과 나의 눈물. 서로 섬기는 우리의 첫 경험, 놀고, 일하고, 사랑하고, 부드럽게 감싸주고, 오해하고, 상처를 주고 받고 하는 것들이 가족 안에서 일어난다. 가족 안에서 다른 이들과 어울려 함께 식사하는 우리의 최초의 경험이 이루어진다. 가정을 떠나기 전에, 아마 우리는 적어도 15,000 번의 식사를 함께 했을 것이다. 우리가 처음으로 함께 했던 오락이나 여흥—인형놀이 · 카드놀이 · 게임들—은 가정에서 발견된다. 우리가 치른 모든 축하—생일들 · 소풍 · 여름날의 외출 등—는 가정에서 있었다. 첫영성체 · 견진 · 결혼식 · 장례식 · 세례식은 가족들이 함께 모인 가운데 이루어졌다. 가족들은 함께 전차를 타고 도시를 가로질러 친척들과 사촌들 · 숙모와 숙부 · 이웃들을 방문했다. 어른들은 이야기를 나누고, 아이들은 수줍은 듯 슬며시 빠져나가 뒤뜰에서 즐겁게 놀고, 함께 어울려 자전거나 스쿠터를 타고 혹은 짐마차를 탔다.

모든 가족은 저마다의 특별한 때가 있다. 일요일[주일] 오후의 산책, 함께 교회에 출석하기 · 식사 때의 기도 · 묵주 기도 · 밤기도 등. 우리 가운데 그 누가 일요일의 아침 식사 · 재미있는 신문 기사 · 특별한 친구의 방문 · 비오는 날들 · 아파서 침대에 누워있던 날들을 잊을 수 있을까? 우리 각자는 길거리를 산책하고, 아버지와 함께 공원을 걷거나, 전차를 타고 시내에 물건을 사러 가고, 시험 준비를 하던 기억을 지니고 있다. 또한 어머니와 함께 물건을 사러 식품점에 갔던 기억들도 있다. 정육점, 빵 가게, 생강 빵[쿠키]과 박하 향 나는 특별함을 지니고 있는 프랑스풍의 길 모퉁이에 있는 과자 가게의 기억이 있다. 자란다는 것은 거리를 가로지르고, 부근의 아이들과 놀고, 술래잡기와 숨바꼭질을 하는 것을 의미했다.

취침 시간은 가족의 일이다. 누가 욕실에서 얼른 나오기를 기다리는 일, 혹은 다른 사람보다 한 발 앞서 먼저 살짝 들어가기. 어두움과 차가운 시트. 취침 때 침대에서 듣던 이야기. 잠든 척하기, 밤에 침대에서 쑥덕거리기. 엄마와 아빠가 들어와서 야단치기 전까지 장난치고 시끄럽게 놀던 일. 바닥에 살그머니 내려가서 카드 놀이를 하는 다른 사람들의 이야기를 엿듣던 일 등등.

우리는 너무 많은 추수감사절, 성탄절, 새해 첫날[설날], 부활절의 기억들을 가지고 있다. 부엌에서가 아니라 식당에서의 식사, 성탄 밤 미사, 합창대, 제대 복사서기. 설날의 뿔 나팔 소리와 호각소리. 아마 우리는 지금도 기억 속에서 여전히 크리스마스 트리 냄새를 맡고, 크리스마스 트리 장식을 하는 흥겨움에 젖어들고, 쇼핑을 하고 눈 장난을 한다. 사순절과 부활절에 대한 우리의 첫 경험들은 가족 안에서 있었다. 십자가의 길[성로신공], 성주간, 부활 바구니들과 부활 달걀들. 가정과 가족은 선물이다. 한 주간의 하루 하루는 우리가 가족이 되게 했다. 토요일에는 쇼핑, 고해성사, 놀이, 토요일 밤 목욕, 신발 닦기. 주일은 오후 2시30분에 본당[성당]에서 있은 병자들을 위한 봉헌의 시간[기도]. 월요일은 빨래하는 날. 화요일은 다림질하고, 7시30분에 영원한 도움을 청하는 기도. 수요일은 집안 청소. 목요일은 7시부터 8시까지 성시간.

가족이 되는 길[방법]은 무척 많았으니, 식당 테이블에 앉아서 숙제하기, 점심 먹으러 집으로 불려가는 일, 거리의 불들이 꺼지면 집으로 돌아오는 일. 아빠가 일을 마치고 집으로 돌아오는 일, 아빠를 만나러 거리를 건너가기, 우리가 아빠 도시락을 보고 놀라서 동요하던 일. 가족이 되는 것은 연중 행사라고 할 수 있는 잔디깎기, 나뭇잎 긁어모으기, 눈 치우기, 보도 쓸기. 울타리 쳐내서 정리하기, 정원의 잡초 뽑기, 지하실을 흰색으로 칠하기, 찬장 청소, 덧창문을 떼어내서 보관하기, 방충망 달기.

토비트(Tobit)가 여쭈었다. 그대는 어느 가족과 어느 종족에 속하는가?(토비5, 15) 가족을 만드는 어떤 축적된 경험들이 있다. 좋아하는 라디오 프로그램들을 듣기, 만화 책을 함께 보기, 거리에서 석탄을 날라 오고 일륜차로 그것을 실어서 석탄 창고에 들여놓기. 버려진 나무

토막을 찾아줍기, 겨울에 땔감으로 쓸 나무를 자르기. 지하실에 있는 석탄 화덕 관리하는 요령을 배우기, 불을 지피기, 굴뚝 점검, 매년 화덕[석탄 아궁이]을 청소하기, 화덕 전부를 해체하여 철사 솔로 그 관[파이프]에 찌든 그을음을 제거하기.

가족은 언제나 시작의 특별한 장소가 될 것이다. 일을 시작하기, 신문배달 경로를 파악하기, 싸구려 잡화점에서 일하기. 고등학교를 중퇴하는 일. 가족들 보다는 친구들과 더 많은 시간을 보내는 일. 어떤 친구들은 가족 이상으로 가까워지기 시작한다. 첫 혼인으로 시작된 경이로운 새 가족의 무대, 다음 세대의 출생.

토비트는 그의 어머니와 아버지와 입맞춤을 하고, 그 집을 떠나서 새출발을 했다(토비3,22). 가족은 새롭고 신비로운 혈연 인척관계, 다른 사람과 가정을 꾸리고, 두 개의 서로 다른 역사가 함께 만나고, 두 개의 서로 다른 생활 경험들이 만나서 함께 시작되는 곳이다. 두 사람에게 새로운 문이 열렸는데, 그 문은 전에는 전혀 생각지도 못한 그런 것이다. "당신은 나와 다르다, 그러나 우리는 서로 떨어질 수 없도록 태어났다." 다른 사람의 자아를 발견하는 것은 그 자신을 발견하는 것이다. 그것을 서로 나누고 함께하기 위하여, 구체화하여 명료하게 하고, 그것이 무엇인지를 인정하는 것을 배우는 것이다.

관계를 세우고 깊게하며 우리는 얼마나 멀리 나아갈 수 있을까? 우리 각자는 우정을 가꾸고 생활을 나누고 성장하는 직관적인 방법들을 가지고 있다. 우리는 우리를 내신 부모에게 되돌아갈 수 없다. 우리는 다만 앞으로 나아갈 수 있을 뿐이다. 친구들이 형제들과 자매들이 되고, 형제들과 자매들이 친구들이 되는 때가 있다. 우리가 가족을 떠나서 사는 것에 대하여, 그리고 가족과 더불어 살아온 것에 대하여 나눌 것이 많이 있다. 새로운 우정이 시작되고, 오랜 우정이 지속되는데, 그것은 마치 봄 꽃과 오래된 단풍나무들과 같다. 어떤 친구들은 사라지거나 죽는다. 어떤 우정은 관계가 단절되거나 깨지고, 그 고통은 여전히 남아있다. 우리는 모두 외부 집단과 내부 집단에 속하여 살아간다. 우리는 다음과 같은 숨은 질문을 가지고 산다. "내 안에 좀 더 많은 사랑이 있는가? 그것은 그 깊이와 높이에 도달했는가? 나는 그 안의 모든 것을 다 캐냈는가? 누가 나를 이끌어 가는가?"

"모든 우정은 우정을 위한 그 사람의 능력을 풍부하게 하고, 이전의 모든 우정을 풍요롭게 한다. 한 사람의 능력은 그가 얼마나 그의 테이블 주위로 사람을 불러 모을 수 있는가 스스로 놀랄 정도가 될 때까지 뻗어나간다. … 우리는 하느님을 수용할 능력이 있다. 그리하여 우리는 이 지상에서 우리와 함께 숨쉬는 40억[역주: 이 글이 쓰인 1970년대 기준으로 본 세계 인구였을 것이나, 2019년 1월 세계 인구는 거의 77억에 이름]의 다른 사람들을 어떤 방식으로 건 수용할 수 있다."

가족은 성사이다. 예수께서는 가족이 있었다. 아버지, 어머니, 사촌들, 친척들, 이웃들. 그분은 다윗 가문에 속하였다(루카2,4). 그분은 우리 모두를 그분의 가족의 구성원이 되게 하였다. 신비로운 몸[역주: 이는 그리스도 예수를 중심으로 한 공동체를 가리키는 것으로 보임]에 얼마나 많은 가족들이 일치하여 있는가! 성부와 성자와 성령으로 이루어진 가족은 모든 개별적인 가족들의 시초[시원]이다. 우리는 예수님의 피[寶血]와 사랑으로 인하여 성 가정의 일원으로 받아들여졌다. 우리는 혈연에 의하여, 그리고 생활과 기쁨, 슬픔과 축하를 함께 하고 나눔으로써 가족의 일원이 된다. 우리는 하나의 정신, 사랑, 하나 된 호흡과 기쁨으로 가족의 일원이 되었다. 그리스도 안에서 우리 모두는 우정과 은총을 공유한 하나의 가족이다. 우리는 어떻게 성스러움을 간직하고 우리 가족에게 내리는 은총을 받을 수 있으며, 어떻게 우리 가족의 유골을 지키고, 우리 가족의 성인들의 모범을 계승하고, 우리 가족의 지혜와 삶의 격언들, 숨겨진 생활, 사랑, 기쁨, 평화, 친밀한 공동체, 우리 가족의 신비를 지켜갈 수 있을까?

우리는 얼마나 많은 가족을 알고 있는가? 얼마나 많은 가족들 안에서 우리는 우리 자신을 발견하는가? 누가 우리의 유산이고, 우리의 가계이며, 누가 우리의 조상들이고, 우리의 씨족들인가? 우리 개개인은 가족을 이루는 거의 무제한의 능력을 지니고, 체험의 나눔과 서로 기쁨을 주고 기억을 하고 축하를 하고 있다. 우리 모두는 형제이고 자매이다. 우리는 언제나 예수께서 삶으로 본보기를 보여주신 복음의 가치를 내면화하고, 다른 이들을 우리의 형제요 자매로 여기고, 저들을 하느님의 가정의 일원으로 여긴다.

(하느님 안에서 그분의 가족의 일원이 된) 우리 가족[공동체] 안에서 축적되어 온 것은 우리로 하여금 함께 기도 하도록 한다. "하늘에 계신 우리 아버지 … "

세상 사람들

우러러 당신의 하늘을 바라봅니다,
당신 손가락의 작품들을 당신께서 굳건히 세우신 달과 별들을.
인간이 무엇이기에 이토록 기억해 주십니까?
사람이 무엇이기에 이토록 돌보아 주십니까?
신들보다 조금만 못하게 만드시고 영광과 존귀의 관을
씌워 주셨습니다. (시편8, 4-6)

인간의 마음을 즐겁게 하는 술을 얻게 하시고
기름으로 얼굴을 윤기나게 하십니다.
또 인간의 마음에 생기를 돋우는 빵을 주십니다. (시편104, 15)

나는 그분께서 지으신 땅 위에서 뛰놀며
사람들을 내 기쁨으로 삼았다. (잠언8, 31)

저 군중이 가엾구나.
벌써 사흘 동안이나 내 곁에 머물렀는데
먹을 것이 없으니 말이다. (마태15, 32)

예수님께서 가엾은 마음이 들어 그들의 눈에 손을 대시자,
그들이 곧 다시 보게 되었다.
그리고 그들은 예수님을 따랐다. (마태20, 34)

"스승님께서는 하고자 하시면 저를 깨끗하게 하실 수 있습니다."
예수님께서 가엾은 마음이 드셔서
손을 내밀어 그에게 대시며 말씀하셨다.
"내가 하고자 하니 깨끗하게 되어라." (마르1, 41)

군중이 모두 모여 오자 예수님께서 그들을 가르치셨다. (마르2,13)

그분께서 하시는 일을 전해 듣고 큰 무리가 그분께 몰려왔다. (마르3,8)

그 부인은 자기에게 일어난 일을 알았기 때문에,
두려워 떨며 나와서 사실대로 다 아뢰었다.
그러자 예수님께서 그 여자에게 이르셨다.
"딸아, 네 믿음이 너를 구원하였다. 평안히 가거라.
그리고 병에서 벗어나 건강해져라." (마르5,33-34)

너희가 그리스도의 사람이기 때문에
너희에게 마실 물 한 잔이라도 주는 이는,
자기가 받을 상을 결코 잃지 않을 것이다. (마르9,41)

예수님께서는 그를 사랑스럽게 바라보시며 이르셨다. (마르10,21)

예수님께서 헌금함 맞은쪽에 앉으시어,
사람들이 헌금함에 돈을 넣는 모습을 보고 계셨다. (마르12,41)

분향하는 동안에 밖에서는
온 백성의 무리가 기도하고 있었다. (루카1,10)

군중은 모두 예수님께 손을 대려고 애를 썼다.
그분에게서 힘이 나와 모든 사람을 고쳐 주었기 때문이다. (루카6,19)

주님께서는 그 과부를 보시고 가엾은 마음이 드시어 그에게,
"울지 마라." 하고 이르시고는, …
죽은 이가 일어나 앉아서 말을 하기 시작하였다.
예수님께서는 그를 그 어머니에게 돌려주셨다. (루카7,13-15)
예수님께서 거기에 이르러 위를 쳐다보시며 그에게 이르셨다.
"자캐오야, 얼른 내려오너라.
오늘은 내가 네 집에 머물러야 하겠다." (루카19,5)

예루살렘의 딸들아,
나 때문에 울지 말고 너희와 너희 자녀들 때문에 울어라. (루카23,28)

아버지, 저들을 용서해 주십시오.
저들은 자기들이 무슨 일을 하는지 모릅니다. (루카23,34)

마침 사마리아 여자 하나가 물을 길으러 왔다. 그러자 예수님께서
"나에게 마실 물을 좀 다오." 하고 그 여자에게 말씀하셨다. (요한4,7)

신자들의 공동체는 한마음 한뜻이 되어,
아무도 자기 소유를 자기 것이라 하지 않고
모든 것을 공동으로 소유하였다. (사도4,32)

그다음에 내가 보니,
아무도 수를 셀 수 없을 만큼 큰 무리가 있었습니다. (묵시7,9)

하느님 곁에서 아주 깊은 명상에 잠긴 또 다른 존재는 사람이다. 사람은 천사보다 좀 못하지만, 창조의 관을 쓴 하느님의 모상[형상]이다. "인간이 무엇이기에 당신은 그토록 마음 쓰시옵니까? 모든 사람은 영원으로부터 감추어진 신비이옵니다. 오, 지극히 거룩한 성사여 … 모든 찬미와 감사를 매 순간 당신께 드리나이다. 모든 인간은 하느님의 모상이요, 계시이며, 거룩한 변모이고, 당신 자신을 드러내기 위하여 당신을 기다리고 있나이다."

사람은 온 세상에서 지극히 아름답고 놀라운 피조물 가운데 하나이다. 용모·미소·눈·떨림·보행·음성 등, 몇 인치되지 않는 그 각각의 용모는 놀라운 다양함을 지니고 있다. 각 사람의 얼굴은 세상의 또 다른 창문이다. 그것은 투명하거나 불투명하고, 밝거나 어둡다. 각 사람의 얼굴은 새로운 세상이다. 내 세계를 확대하거나 축소시키는 새로운 모험이다. 그러나 내가 수많은 얼굴과 함께 살아가고, 수많은 눈길[視線]과 부딪히고, 수많은 귀에서 귀로 듣고 살아가면서, 정작 얼굴을 가까이서 마주 대하고 사는 사람은 극소수이다. 눈길은 재빠르다. 그것은 한 번 힐끗거리며 수많은 사람을 볼 수 있다. 그와는 대조적으로 귀는 느리고 배타적이다. 나는 한번에 다만 한 사람의 말을 들을 수 있을 뿐이다.

우리 개개인은 사람들을 만나고, 그들과 인사하고, 그들을 환영하고, 안부를 묻고, 작별 인사를 하면서, 사람들의 혼잡스러움을 의식한다. 우리는 점점 더 많은 사람들을 보게 된다. 그러나 우리가 알게 되는 사람은 점점 더 적어진다. 우리의 생활 공간에 얼마나 많은 사람들이 익명으로 존재하는가? 그들 개개인이 내 가족의 일원으로 있을 때 조차, 모두가 어쩐지 낯선 사람들이다. 각 사람은 낯선 땅에 있는 낯선 사람이다. 나는 사람들이 붐비는 해변, 분주한 공항에서 익명을 체험한다. 누구의 이름도 모르고, 아무도 내 이름을 모르는 익명의 압력이 크게 다가온다. 그들에게 내가 머물도록 마련된 공간은 거의 없다. 나는 갈수록 더욱 모르고, 또 나는 갈수록 더욱 잊혀진다. 그러나 수많은 사람들이 스쳐 지나가는 한편으로 그들이 사랑스럽고, 얼마간의 스쳐 지나가는 만남과 기도와 미소로 축복하고 감사할 수 있다. 내가 스쳐 지나가거나 만난 사람들은 나로부터 축복을 받고, 나에게 축복을 선사한다.

많은 사람들을 그토록 절절히 깊이 사랑하고, 군중에게 가르치고, 빵으로 그들의 주린 배를 채워주었지만, 그들 삶의 언저리에 위치 할 수 밖에 없는 예수님의 마음의 고통은 어떠했을까? 예수님은 무명의 민초들을 어떻게 대했을까?

한평생 우리가 이름을 알고 지내는 사람은 얼마 되지 않는다. 우리가 그 마음속 내밀한 속사정까지 깊이 알고있는 사람은 과연 몇이나 될까. 우리는 모두 사람들의 겉만 보고 사는 사람들이다. 한눈에 그저 힐끗 군중을 바라본다. 우리 한 생에 각별한 관계를 지니고 개별적으로 만날 수 있는 사람은 얼마 되지 않으며, 통상 우리는 운동장, 극장, 쇼핑센터 같은 곳에서 수많은 사람들 속을 스치며 지나가거나 특별한 주의도 기울이지 않고 그냥 바라보고 지나친다. 그러나 돌이켜 생각해 보면, 각 사람은 하느님의 선물이요, 기쁨이며, 은총이요, 그분의 현존인 성사이다. 각 사람은 그분의 메시지[傳言]요, 그분의 일을 하는 매개요, 그분의 초대이다. 우리는 모두 신비체로서 성인들의 통공(communion)인가 하면 죄인들의 친교(communion)이다.

우리는 모든 인류와 그 인류가 빚어온 역사에 빚을지고 있다. 예컨대 내 집을 비롯해서 우리가 사용하고 있는 각종 건축물을 비롯하여 내가 입고 있는 옷이며, 내가 먹는 음식, 내가 사용하는 가구들과 내가 타는 자동차와 여행과 왕래를 위해서 뚫린 각종 도로들은 수많은 사람들의 아이디어와 손길과 수고로 만들어졌다. 우리 삶의 모든 것과 도시를 건설하는 모든 사람들과 물과 기름과 전기와 전화 통신을 비롯한 통신 시스템과 이름을 알 수 없는 수많은 사람들이 자기 위치에서 성실히 수행하는 일과 봉사에는 이처럼 서로 긴밀하고 깊은 내적 연관성이 있다.

사람들은 매일 이루어지는 감사 행위이다. 이를테면 우리는 우리가 한번도 만나지 못하고, 한번도 그들을 방문할 일이 없음에도 우리가 아는 신문과 방송, 영화와 텔레비전 같은 모든 매체의 종사자들을 떠올릴 수 있다. 우리가 만났지만 그 이름을 잊어버린 사람들이 많다. 우리가 사랑의 눈길을 보냈지만 사랑할 수 없었던 사람들도 많다. 이사를 갔거나 고향을 떠나 객지에서 떠도는 사람들 뿐만 아니라, 죽음으로 우리 삶의 공간에서 사라진 사람들도 있다. 때로는 길게 느껴지고, 때로는 급류를 탄 듯 지나가는 시간의 흐름 속에서, 우리 삶의 공간으로 새로운 사람들이 들어오는가 하면, 우리 시야에서 사라지는 사람들도 있다. 우리가 감사의 마음으로 뿌듯하고, 다른 사람들을 위하여 뭔가 좋은 일을 하거나, 우리가 누구의 은인이 되어 다른 사람들을 위하여 뭔가를 할 때, 형언할 수 없는 하나됨과 완전한 일체가 되었음을 체험한다.

내 이름을 아는 사람은 각별한 방법으로 그 이름을 부른다. 그들은 나를 부르고, 나를 바라보고, 나를 비추어 주고, 내 말을 듣는다. 우리는 이전에 불렸던 적이 없는 이름, 각 사람의 이름을 고유하게 부른다. 우리는 서로에게 알려지지 않은 개별적 자아인데, 서로 만들어 가고, 서로 다가가고, 서로 협력하고, 서로 칭찬하고 격려한다. 서로 칭찬하고 격려하는 표현을 통하여 공동체를 만들어 간다. 하느님이 가장 반기시는 기도는 서로를 칭찬하고 격려하는 것이다. "그들이 서로 칭찬하고 격려하며, 서로 봉사하는 기예(技藝, art)를 함양하고 계발하게 하십시오. 그들이 자유롭고 진실하게 서로서로 그들의 존엄과 그들의 감사와 그들의 존경을 표현하게 하십시오. 서로 억압하거나 제압하려 하지 마십시오. 특히 연약한 사람들을 내리 누르지 말고, 그들이 하는 말에 귀를 기울이십시오."

가장 위대한 은사(charism)는 사랑하는 것이다. 그것은 오직 사랑 만이 다른 사람들 안에서 진실을 드러내고, 사람들에게 이 은총을 드러내기 때문이다. 우리의 가장 위대한 성취는 그 어떤 기예도 아니고, 겉으로 드러나는 사업이 아니며, 그것은 사람들 사이에서 맺어진 우정이요, 다른 사람들과 함께, 다른 사람들을 위하여 존재하는 것이다. 사랑은 우리의 가장 위대한 힘이다. 사랑은 문화·교육·재능·기술에 달려있는 것이 아니라, 전적으로 우리 인간의 마음에 달려있다. 각 사람은 다른 사람들과는 다른 그들의 독특한 사랑, 그들만의 독특한 삶을 나누는 방식을 간직하고 있다. 각 사람은 그들의 진실과 비밀과 소원을 가지고 기도한다.

우리는 거듭 반복하여 서로를 찬양하고 축복 해주는 법을 배우고 있으며, 우리 자신을 칭찬하고 축복하는 법을 배우고 있다. 그리고 우리가 그 방법을 모르면, 사람들이 여러 경로를 통해 우리에게 그 법을 보여준다. 나날이 태어나는 날[생일]이다. "내가 너에 대하여 좋아하는 것은 · · · "이라고 하는 것과 같은 것은 각 사람이 지녀야 할 가치 있는 태도이다. 가장 진실한 축복은 서로의 눈을 통해서 상대를 보고, 서로 안에서 미감(美感)을 발견하고, 서로가 지니고 있는 은총을 더 많이 발견하는 것이다. 탁월한 덕목 가운데 하나는 찬탄하고 칭찬하는 것이다. 우리는 우리 자신을 제대로 칭찬하지 못하고,

우리 자신을 충분히 신뢰하지 않는다. 형제와 함께 어려움을 극복하고, 함께 모여 즐거움을 나누고, 드러나지 않은 봉사의 은사를 함께 나눌 때, 우리는 서로에게 얼마나 많은 것을 배우는지 모른다. 나를 완전히 제대로 인정할 수 있는 사람은 없다. 각 사람은 있는 그대로 드러나지만, 그것은 내 눈에 들어오는 무지개 빛깔 가운데 하나인 것이다. 그 무지개를 발견하는 것은 전체 공동체의 몫이다. 우리는 서로에 대하여 많은 것을 제대로 보지 못하고, 또 서로를 제대로 이해하고 인정하지 못하고 있다. 이런 한계에도 불구하고 여전히 우리는 나름대로 다른 사람의 독특한 그 사람의 본래 모습을 이해하고 인정한다. 우리는 각자 고유하고 내밀한 통찰하는 힘을 가지고 있다. 우리는 서로 칭찬하고 축복하는 것을 즐기는 다소 쑥스러운 순간들을 필요로 한다. 서로를 알기 위하여 얼마나 많은 시간이 필요하고, 다른 사람이 내 자신을 알도록 하는 데는 또 얼마나 많은 시간이 필요할까.

기쁨

당신께 피신하는 이들은 모두 즐거워하며 영원토록 환호하리이다.
당신 이름 사랑하는 이들을 당신께서 감싸 주시니
그들은 당신 안에서 기뻐하리이다. (시편5, 12)

당신 면전에서 넘치는 기쁨을,
당신 오른쪽에서 길이 평안을 누리리이다. (시편16, 12)

아침에는 환호하게 되리라. (시편30, 6)

아름답게 솟아오른 그 산은 온 누리의 기쁨이요. (시편48, 3)

기쁨과 즐거움을 제가 맛보게 해 주소서. (시편51, 10)

눈물로 씨 뿌리던 이들 환호하며 거두리라. (시편126, 5)

나는 그분 곁에서 사랑받는 아이였다. 나는 날마다 그분께 즐거움이었고
언제나 그분 앞에서 뛰놀았다. 나는 그분께서 지으신 땅 위에서 뛰놀며
사람들을 내 기쁨으로 삼았다. (잠언8, 30-31)

정녕 하느님께서 그를 제 마음의 즐거움에만 몰두하게 하시니 그는 제
인생의 날수에 대하여 별로 생각하지 않는다. (코헬5, 19)

너는 기뻐하며 빵을 먹고 기분 좋게 술을 마셔라. (코헬9, 7)

나는 그들을 나의 거룩한 산으로 인도하고
나에게 기도하는 집에서 그들을 기쁘게 하리라. (이사56, 7)

고생하며 무거운 짐을 진 너희는 모두 나에게 오너라.
내가 너희에게 안식을 주겠다.
나는 마음이 온유하고 겸손하니 내 멍에를 메고 나에게 배워라.
그러면 너희가 안식을 얻을 것이다. (마태11, 28)

당신의 인사말 소리가 제 귀에 들리자
저의 태 안에서 아기가 즐거워 뛰놀았습니다. (루카1, 44)

보라, 나는 온 백성에게 큰 기쁨이 될 소식을 너희에게 전한다. (루카2, 10)

그날에 기뻐하고 뛰놀아라. (루카6, 23)

하늘에서는, 회개할 필요가 없는 의인 아흔아홉보다 회개하는 죄인 한
사람 때문에 더 기뻐할 것이다. (루카15,7)

그들에게 손과 발을 보여 주셨다.
그들은 너무 기쁜 나머지 아직도 믿지 못하고 놀라워하였다. (루카24,41)

그들은 예수님께 경배하고 나서 크게 기뻐하며 예루살렘으로 돌아갔다.
그리고 줄곧 성전에서 하느님을 찬미하며 지냈다. (루카24,52-53)

신랑 친구는 신랑의 소리를 들으려고 서 있다가,
그의 목소리를 듣게 되면 크게 기뻐한다.
내 기쁨도 그렇게 충만하다. (요한3,29)

내가 너희에게 이 말을 한 이유는,
내 기쁨이 너희 안에 있고 또 너희 기쁨이 충만하게 하려는 것이다.
(요한15,11)

너희의 근심은 기쁨으로 바뀔 것이다. (요한16,20)

너희도 지금은 근심에 싸여 있다.
그러나 내가 너희를 다시 보게 되면 너희 마음이 기뻐할 것이고,
그 기쁨을 아무도 너희에게서 빼앗지 못할 것이다. (요한16,22)

청하여라. 받을 것이다.
그리하여 너희 기쁨이 충만해질 것이다. (요한16,24)

제가 세상에 있으면서 이런 말씀을 드리는 이유는,
이들이 속으로 저의 기쁨을 충만히 누리게 하려는 것입니다. (요한17,13)

제자들은 기쁨과 성령으로 가득 차 있었다. (사도13, 52)

희망의 하느님께서 여러분을
믿음에서 얻는 모든 기쁨과 평화로 채워 주시어,
여러분의 희망이 성령의 힘으로 넘치기를 바랍니다. (로마15, 13)

나는 여러분 모두를 두고 확신합니다.
나의 기쁨이 여러분 모두의 기쁨이라고 말입니다. (2코린2, 3)

여러분에 대한 나의 신뢰도 크고 여러분에 대한 나의 자랑도 큽니다.
나는 위안으로 가득 차 있습니다.
나는 우리의 그 모든 환난에도 기쁨에 넘쳐 있습니다. (2코린7, 4)

성령의 열매는 사랑, 기쁨, 평화, 인내, 호의, 선의, 성실, 온유, 절제입니다.
이러한 것들을 막는 법은 없습니다. (갈라5, 22)

기도할 때마다 늘 여러분 모두를 위하여
기쁜 마음으로 기도를 드립니다. (필리1, 3)

여러분의 믿음이 깊어지고 기쁨을 누릴 수 있도록 (필리1, 26)

내가 설령 하느님께 올리는 포도주가 되어 여러분이 봉헌하는 믿음의 제물
위에 부어진다 하여도, 나는 기뻐할 것입니다. 여러분 모두와 함께 기뻐할
것입니다. 여러분도 마찬가지로 기뻐하십시오. 나와 함께 기뻐하십시오.
(필리2, 17-18)

내가 사랑하고 그리워하는 형제 여러분, 나의 기쁨이며 화관인 여러분,
이렇게 주님 안에 굳건히 서 있으십시오. (필리4, 1)

여러분은 큰 환난 속에서도 성령께서 주시는 기쁨으로 말씀을 받아들여,
우리와 주님을 본받는 사람이 되었습니다. (1테살1,6)

우리 주 예수님의 재림 때에 누가 과연 그분 앞에서 우리의 희망과 기쁨과
자랑스러운 화관이 되겠습니까? 바로 여러분 아니겠습니까? 여러분이야말
로 우리의 영광이며 기쁨입니다. (1테살2,19-20)

우리가 여러분 덕분에 우리의 하느님 앞에서 누리는 이 기쁨을 두고,
하느님께 어떻게 감사를 드려야 하겠습니까? (1테살3,9)

나는 그대의 눈물을 생각하면서
그대를 다시 볼 수 있기를 간절히 바랍니다.
그렇게 된다면 내가 기쁨으로 가득 찰 것입니다. (2티모1,4)

그렇습니다, 형제여! 나는 주님 안에서 그대의 덕을 보려고 합니다.
그리스도 안에서 내 마음이 생기를 얻게 해 주십시오. (필레1,20)

그분께서는 당신 앞에 놓인 기쁨을 내다보시면서 …
십자가를 견디어 내시었습니다. (히브12,2)

갖가지 시련에 빠지게 되면
그것을 다시없는 기쁨으로 여기십시오. (야고1,2)

여러분은 그리스도를 본 일이 없지만 그분을 사랑합니다.
여러분은 지금 그분을 보지 못하면서도 그분을 믿기에,
이루 말할 수 없는 영광스러운 기쁨 속에서 즐거워하고 있습니다.
(1베드1,8)

시련의 불길이 여러분 가운데에 일어나더라도
무슨 이상한 일이나 생긴 것처럼 놀라지 마십시오.

오히려 그리스도의 고난에 동참하는 것이니 기뻐하십시오.
그러면 그분의 영광이 나타날 때에도
여러분은 기뻐하며 즐거워하게 될 것입니다. (1베드4,12-13)

우리의 친교는 아버지와
또 그 아드님이신 예수 그리스도와 나누는 것입니다.
우리의 기쁨이 충만해지도록 이 글을 씁니다. (1요한1,3-4)

내가 그대들에게 쓸 말은 많지만 종이와 먹으로 쓰고 싶지는 않습니다.
그보다는 내가 그대들에게 가서 얼굴을 마주하고 말할 수 있기를 바랍니다.
그러면 우리의 기쁨이 충만해질 것입니다. (2요한1,12)

나에게는 내 자녀들이 진리 안에서 살아간다는 말을 듣는 것보다 더 큰 기쁨이 없습니다. (3요한1,4)

"들어보십시오, 내가 아주 기쁜 소식을 가져왔습니다." 기쁨은 그리스도인을 그리스도인답게 해주는 분명한 표지이다. 기쁜 소식! '은총'이라는 신학 용어를 좀 더 낫게 그 본질에 좀 더 부합되게 옮긴다면, 그것은 아마 '기쁨'일 것이다. 기쁨은 은총이 투명하게 드러난 것이며, 그분[하느님]의 현존이 흘러 넘쳐 우리와 다른 사람들의 삶 안으로 흘러 들어오는 것이다. 기쁨은 선물이며, 그와 동시에 그것은 모든 그리스도인들이 그렇게 되어야만 하는 책무라고 말할 수도 있겠다. 기쁨이 선물이라면 우리는 그것을 요청하고, 찾고, 그 기쁨의 문이 우리에게 열릴 때까지 그것을 두드려야만 한다.
  기쁨은 불꽃이므로, 그것은 그 자체로 존재할 수 없다. 그것은 기름을 넣고 채워져야 한다.

행복과 마찬가지로 기쁨은 그 자체로 존재하지 못한다. 그것은 표지이고, 효과이며, 누군가의 현존에 따라오는 것이다. 기쁨은 선물이며, 성령의 열매이다.

그것은 "그분을 통하여 모든 것이 존재하고, 그분 없이 그리고 그분을 통하지 않고는 존재 할 수 없습니다. 존재하는 모든 것은 그분 안에서 생명을 얻습니다."(요한1, 3)

기쁨의 책임이 있다. 내 밖의 세계가 고난과 근심으로 가득 찼을 때, 내가 무슨 권리로 행복할 수 있을까? "우리의 생명, 우리의 행복, 우리의 희망."

예수님을 제외하고는 아무것도 지니지 못한 가난한 이(anawim)들의 기쁨이 있다. 그들의 가난은 기쁜 소식을 받아들일 수 있는 조건 곧 좋은 바탕으로써, 하느님의 영[성령]이 그들을 안배한다. 그분은 이와 같은 가난에 관심을 갖도록 우리를 안내한다. 다시 말하면, 그분은 우리가 가지고 있는 것을 가난한 이들을 위하여 사용하도록 인도한다.

기쁨은 탈속적이고 영적이다. 쾌락을 추구하는 사회가 기쁜 사회, 행복한 사회는 아니다. (쾌락 뒤에 남는) 무료함, 우울, 슬픔의 여운. 그러나 기쁨이 흘러나오는 원천은 다른 곳에 있다.

모든 것이 기쁨이고, 모든 것은 그분에게서 오며, 축복이고, 우리를 위한 것이다. 그것은 새로움을 만들어 내는 성사이다.

그분은 기쁨 때문에 우리를 창조하셨다. 모든 것에 그분의 손길이 닿았으며, 그것들은 그분에게서 온 선물이다. 우리는 그 기쁨에서 벗어날 수 없다. 최상의 행복으로 가는 모든 길이 곧 그 행복이다. 그리고 기쁨은 우리가 사용하는 어휘 가운데서 잊혀진 낱말이다.

우리 이웃을 사랑하는 그 사랑의 기쁨이 있다.

일상적인 기쁨이 있는가 하면, 영적이며 탈속한 기쁨이 있다.

일상의 기쁨 가운데는 잠자러 가고, 편지를 받고, 전화 걸고, 식사하는 일이 있는가 하면, 또 다른 기쁨을 맛보기, 친구에게서 온 멋진 선물을 받는 일, 친구들의 기쁨에 동참하기, 친구 방문, 과제를 완수하기, 뭐가를 성취하기, 목마를 때 마시는 냉수 한 컵, 긴 장마철이 지나고 햇볕이 내리 쬘 때, 순진무구한 어린이를 마주할 때, 감사, 좋아하는 음악을 들을 때, 예술 감상, 자연, 흥미로운 일에 몰두할 때, 아름다운 얼굴에 피어 오르는 기쁨을 마주 대할 때, 멋진 사람의 현존, 오랜 친구. 인생이 아름답다고 느낄 때, 누군가에게 알려지고 사랑받을 때, 귀향, 폭풍우 몰아칠 때 안온한 집에서 보호받는 느낌을 가질 때, 친구와 함께 격의 없는 화제로 와인 한 잔을 나누며 편안한 웃음을 머금을 때 등.

신앙의 기쁨이 있다. 그것은 하느님의 현존에 젖어들 때의 기쁨, 용서하고 용서받고 다시 태어나는 기쁨이다. 그리스도의 기쁨은 그 깊이를 이루 다 헤아릴 수 없는 큰 기쁨 안에서의 나눔이다. 그것은 영광을 받으신 예수 그리스도의 마음과 같은 것으로 신적(神的)인가 하면, 인간적(人間的)이기도 하다. 삶의 선함에서 오거나, 가족에게 선물로 주어지는 기쁨으로, 깊고 그윽한 기쁨이 있다. 누군가에게 사랑받는 기쁨이요, 내가 누군가에게 도움이 될 때 다가오는 기쁨이 있다. 묵주의 기도를 할 때 묵상하곤 하는 '기쁨의 신비들'과, 진복팔단의 기쁨이 있는가 하면, 부활절과 성령강림절에 다가오는 기쁨과 영광이 있다. 그리고 마리아의 찬가(Magnificat)는 기쁨의 노래이다. 그것은 우리 기쁨의 원인이다. 순교자의 기쁨도 있고, 성령 안에서 누리는 기쁨도 있다. 그런가하면 성스러움에서 분출되는 빛나는 기쁨, 만물을 먹이고 살리는 성체성사의 기쁨도 있다.

태양의 찬가

지극히 높으시고 전능하시고 선하신 주 하느님,
모든 찬미와 영광과 영예와 축복이 당신의 것이옵니다.

주 하느님은 당신의 피조물과 함께 찬미 받으소서
특별히 우리 형제인 해에게서 찬미 받으소서
해를 낮이 되게 하시어 저희에게 빛을 주시오니
해는 찬란한 빛을 온누리에 비추옵니다
오, 주님! 그 해에 당신의 모습이 어려있나이다.

나의 주님은 우리 자매인 달과 별들에게서 찬미 받으소서
당신은 그것들을 하늘에 맑고 어여쁘게 배치하셨나이다.

나의 주님은 우리 형제인 바람을 통해 찬미 받으소서
또한 모든 피조물이 생명을 유지하게 해주는
공기와 구름과 고요함과
온갖 기후를 통해 당신은 찬미 받으소서

나의 주님은 우리 자매인 물을 통해 찬미 받으소서
물은 저희에게 유용하고 겸손하며 맑고 소중하나이다.

나의 주님은 우리 형제인 불을 통해 찬미 받으소서
불로서 당신은 어두움 속에서 빛을 비추어 주시니
불은 밝고 활달하고 힘차고 강하나이다.

나의 주님은 우리 어머니인 땅에게서 찬미 받으소서
땅은 저희를 지탱해주고 지켜주시며
온갖 과일과 갖은 색깔의 꽃과 초목이 자라게 하시나이다.

주님께 찬미하고, 축복을 드리고, 그 분께 감사하며,
지극한 겸손으로 그 분을 섬거드려라.

나의 주님은 사랑으로 인하여
서로 용서하는 사람들을 통해 찬미 받으시고
허약함과 고난을 견뎌내는 사람들을 통해 찬미 받으소서

지극히 높으신 주 하느님,
평온하게 참아내는 이들은 복되오니,
그들은 월계관을 받을 것이옵니다.

나의 주님은 자매인 육신의 죽음을 통해서도 찬미 받으소서
아무도 그 죽음을 피해갈 수 없사오니,
큰 죄(大罪)를 짓고 죽음을 맞이하는 사람은 불행하나이다!

당신의 지극히 거룩한 뜻을 따르며
죽음을 맞는 사람들은 복되오니,
두번째 죽음이 그들을 해칠 수 없기 때문이옵니다.

나의 주님께 찬미와 축복과 감사를 드리오며
지극한 겸손으로 당신을 섬기나이다.

─성 프란치스코(1182-1226)

늘 기도하십시오

낙심하지 말고 끊임없이 기도해야 (루카18, 1)

늘 깨어 기도하여라. (루카21, 36)

끊임없이 기도하십시오. (1테살5, 17)

모든 일에 언제나 우리 주 예수 그리스도의 이름으로
하느님 아버지께 감사를 드리십시오. (에페5, 20)

감사하는 사람이 되십시오. (콜로3, 15)

감사하는 마음으로 하느님께 시편과 찬미가와 영가를 불러 드리십시오.
말이든 행동이든 무엇이나 주 예수님의 이름으로 하면서,
그분을 통하여 하느님 아버지께 감사를 드리십시오. (콜로3, 16-17)

여러분은 먹든지 마시든지, 그리고 무슨 일을 하든지
모든 것을 하느님의 영광을 위하여 하십시오. (1코린10, 31)

우리는 그분 안에서 살고 움직이며 존재합니다. (사도17, 28)

하늘 나라는 밭에 숨겨진 보물과 같다. …
또 하늘 나라는 바다에 던져 온갖 종류의 고기를 모아들인 그물과 같다.
(마태13, 44-47)

보라, 하느님의 나라는 너희 가운데에 있다. (루카17, 21)

너희가 회개하여 어린이처럼 되지 않으면,
결코 하늘 나라에 들어가지 못한다. (마태18,3)

우리는 걷고, 앉고, 여행하고, 잠자는 것과 같은 일상의 행위가 기도라고 거의 생각하지 않는다. 그렇지만 신약성경을 통해서 우리가 볼 수 있듯이, 우리는 늘 기도하도록 초대받았고, 우리 일상 가운데 우리와 함께 계시는 주님의 현존 안에 머물도록 초대받았다. 우리는 어린이와 같이 창의적이고 수용적이 되도록 초대받았고, 우리가 아는 것을 실제로 경험할 수 있도록 초대받았다. 또한 우리 가운데 그리고 우리 주변에 현존하는 하느님 나라에 흠뻑 취할 수 있도록 초대받았다. "자, 내가 너희에게 말한다. 눈을 들어 저 밭들을 보아라. 곡식이 다 익어 수확 때가 되었다."(요한4,35) 이러한 것들이 하느님의 현존을 의식하는 훈련이요, 우리와 함께 우리가 경험하는 그 모든 것을 경험하고 사시며 함께 나누는 예수님의 상상과 정감과 그 마음 안에 들어가 머물도록 하는 초대이다.

"내가 늘 너희와 함께 있겠다."

여행

"이제 그분은 너희들에 앞서 갈릴래아로 가실 것이다. 너희는 거기서 그분을 뵙게 될 것이다." 그분은 우리 앞서 가신다. 그분은 우리의 모든 여정에 우리와 함께 하신다. 그분은 우리에게 여행에 대하여 많은 비유를 들려주셨다. 곧 돌아온 탕자, 예리고로 가는 길의 남자, 좁은 문, 넓고 큰 문을 통하여 가는 길 등이 그것이며, 빵과 포도주를 담을 자루를 가지지 않은 채 여행 하라는 말씀도 들려주신다. 그분은 말씀하신다. "나는 길이다."(요한6, 1)

여행 중에 새로운 길을 걷기도 하고, 여행 중에 바라보는 새 하늘은 마음과 의식을 넓혀준다. 여행자는 새로운 자유와 신선함을 체험한다. 여행자의 마음 속에서 뭔가 새로운 것이 일어난다. 우리는 모두 여행을 좋아한다. 여행에 대한 욕구에서 자유로운 사람은 아마 거의 없을 것이다. 미국인들은 매우 동적(動的)이어서, 가만히 있기 보다는 뭔가 움직이고 이동할 때 마음이 더 편해지는 것 같다. 그들은 테이블에서 보다는 자동차 안에서 더 많은 시간을 보내는 것 같다. 아무 할 일이 없을 때, 많은 사람들은 차를 몰고 밖으로 나간다. 그들은 뭔가 끊임없이 움직이고 이동하는 것이 몸에 배었기 때문이다. 매년 새로 찾아낸 여가 활동과 함께 그들은 계속 또 다른 여행을 한다. 아마 여행의 영성(a spirituality of traveling)이 여기서 나오고, 아마 그들은 모든 길을 바라보고, 길 위를 걷고 달리며 거룩한 길, 곧 예전에 행해진 순례의 영성에 대한 감각을 재발견할 것이다.

여행은 영성 수련(a spiritual exercise)으로 인지되지 않을지도 모른다.

그러나 그것은 분명히 영을 훈련시킬 수 있고, 영의 영역까지 확장시킬 수 있다. 세상은 하느님의 성사요, 땅은 하느님의 얼굴이다. "모든 것이 하느님의 것이다." 최근까지 나는 그분과 관련된 성지를 이스라엘로 한정하여 이해하였다. 그러나 나는 더욱 최근에 그분의 강생 육화와 구원을 통하여 그 거룩함이 우리 각자를 통하여 모든 영역, 곧 온 세상으로 넓혀신나는 것을 인지하게 되었다. 강·평원·산·깊은 협곡·사막 혹은 광야·대양은 우리를 위하여 형성되었고, 내 안에서 움터 나오는 새로운 노래·새로운 기도·새로운 시편은 외경의 표출이요, 감사와 아름다움의 찬탄을 자아내는 것이다. 그것은 또한 여행하는 나 자신이요, 내가 발견하고 찾아내는 것은 바로 내 안에 있는 것이다. "그리고 하느님께서 보시니 좋았다"는 창세기의 기도는 내 안에 새롭고 깊이 뿌리 내린 나의 기도가 된다. 이 모든

것이 나를 위하여 조성되었고, 이 모든 것은 보여지고 음미되어 제 가치가 인정되고, 오직 나만이 그것을 즐기듯, 우리 한 사람 한 사람에게 즐겨 수용되기 위하여 기다리고 있는 것이다.

이 모든 것은 내 안에서 그것 나름의 고유한 노래를 읊조린다. 하느님은 내가 걷는 순례의 도상에서 나에게 말씀하신다. 그분은 바로 내 안에서 여행[순례]하신다. 주(州)와 주를 잇는 고속도로는 하나의 기도가 된다. 그분께서는 팔을 뻗으시어 나를 그분의 영역으로 끌어 들이시어, 새로운 눈과 새로운 귀와 새로운 혀를 주신다. "우리 믿음의 자녀들을 위하여 그분께서 훈련[교육]시키는 그 무한한 힘은 얼마나 위대한가!" "모든 피조물을 충만케 하는 그분의 충만!" 그랜드 캐년(Grand Canyon) 앞에 선 사람들은 "천년이 하루 같고, 하루가 천년 같은" 외경의 감정이 솟아오른다. "하느님! 당신은 저의 그랜드 캐년이고, 저의 로키 산맥입니다. 당신의 말씀은 탐사될 수 있고, 무한하고 끝없이 경이로운 그랜드 캐년입니다."

사람이 되시어, 당신은 이 모든 것을 당신의 것으로 삼으셨고, 승천으로 당신은 이 모든 것을 들어올리셨으며, 당신의 사랑으로 이 모든 것을 축성하셨으며, 우리로 하여금 당신의 기억 안에서 그것을 계속 축성하도록 하신다. 하느님, 당신은 우리의 대양(大洋)이시다. 대양 가운데서 내가 볼 수 있는 곳은 극히 일부에 불과하고, 내가 마실 수 있는 물 또한 극히 일부이고, 내가 나를 위하여 취할 수 있는 것 역시 극히 일부에 지나지 않는다.

앉아 있음

하느님께서는 하시던 일을 이렛날에 다 이루셨다.
그분께서는 하시던 일을 모두 마치시고 이렛날에 쉬셨다.
하느님께서 이렛날에 복을 내리시고 그날을 거룩하게 하셨다.
하느님께서 창조하여 만드시던 일을 모두 마치시고
그날에 쉬셨기 때문이다. (창세2, 2-3)

사람의 아들이 영광스러운 자기 옥좌에 앉게 되는 새 세상이 오면,
나를 따른 너희도 열두 옥좌에 앉아 ··· (마태19, 28)

하늘에 올라 전능하신 천주 성부 오른 편에 앉으시며 ··· (사도신경)

그분께서는 영원히 사시기 때문에 영구한 사제직을 지니십니다.
따라서 그분께서는 당신을 통하여 하느님께 나아가는 사람들을
언제나 구원하실 수 있습니다. (히브7, 24-25)

예수님께서는 그 군중을 보시고 산으로 오르셨다.
그분께서 자리에 앉으시자 제자들이 그분께 다가왔다. (마태5, 1)

예수님께서 두루마리를 말아
시중드는 이에게 돌려주시고 자리에 앉으시니,
회당에 있던 모든 사람의 눈이 예수님을 주시하였다. (루카4, 20)

예수님께서는 제자들에게 이르셨다. ···
떼를 지어 자리를 잡게 하여라." (루카9, 14) - 오천명을 먹이신 기적

예수님께서는 자리에 앉으셔서 …
그러고 나서 어린이 하나를 데려다가 그들 가운데에 세우신 다음,
그를 껴안으시며 그들에게 이르셨다. (마르9, 35-36)

저녁때가 되자 예수님께서 열두 제자와 함께 식탁에 앉으셨다. …
그들이 음식을 먹고 있을 때에 예수님께서 빵을 들고 찬미를 드리신 다음,
그것을 떼어 제자들에게 주시며 … (마태26, 20;26, 26)

앉아 있는 모습은 휴식[쉼]의 자세이고 받아들이는 자세이며, 경청하는 자세이고 심신을 재충전하는 자세이며, 식사하고 공부하며, 읽고 쓰는 자세이다. 앉아 있음은 기도하는 자세요, 성찬을 거행하는 자세이며, 경축하고 연회를 거행하며 가족과 친구들의 우정을 도모하는 상황을 드러낸다.

일을 마쳤을 때 시간에 매이지 않고 편안히 앉아 쉬는 것은 참으로 좋다.

우리가 앉을 곳이 많고, 또 우리가 앉는 방식도 여러가지가 있다. 앉아서 일을 하기도 하고, 테이블을 두고 앉기도 하고, 창가를 향해 앉기도 하고, 제대 주변에 앉기도 하고, 화롯가에 앉기도 하고, 침대 곁에 앉기도 하고, 언덕에 앉기도 하고, 땅 바닥에 주저앉기도 하고, 나무 그늘진 곳에 앉기도 한다. "네가 무화과나무 아래 있는 것을 내가 보았다."(요한1, 48) 마태오는 세관에 앉아 있었다. 소경 두 명은 예수께서 지나가실 때 길가에 앉아 있었다. 예수께서는 막달레나가 눈물로 당신의 발을 씻을 때, 그리고 사람들이 당신의 장례를 염두에 두고 당신에게 도유를 할 때, 테이블에 앉아 있었다. 제자들은 예수께서 그들의 발을 씻길 때 앉아 있었다.

자신의 마음에 드는 의자에 앉아 있으면 정말 편안하고 좋은 휴식이 된다. 따스함이 느껴지는 손 때 묻은 오래된 흔들 의자에 앉아 앞뒤로 흔들거릴 때, 그 흔들림이 자신의 심장의 박동과 조화를 이룰 때의 느낌은 또 얼마나 좋은가! 쉬고, 생각하고, 그냥 그렇게 존재하고, 또 백일몽에 젖기도 하고, 저 내면에서 잠잠히 피어오르는 은총을 받고, 지난 주일 오후의 느낌이 온존히는 주변의 우정을 느끼며 생생히 살아 있다는 삶의 희열을 느낄 수 있는 것은 얼마나 좋은 일인가! 그것은 음악을 들을 때 다가오는 범상한 정적을 경험하는 것일 수도 있다.

불교에는 이른바 좌선(坐禪)을 하는 선종이라는 종파가 있다.

그런데 오늘날 우리는 많은 시간을 앉아 지낸다. 우리는 실제로 많은 시간을 자동차의 운전석에 앉아 지낸다. 자동차는 이동하는 우리

의 암자[은둔소, hermitage]이고, 세상과 격리된 수도원(cloister)이다. 자동차는 많은 사람에게 세상과 격리된 아주 훌륭한 사적 공간을 제공한다. 수많은 차량이 질주하는 고속도로에서도 운전석에 앉은 사람은 그것들과 격리되어 홀로 있다. 일찍이 자동차 기기 조작과 운전에 익숙한 사람은 운전 중에도 운전에 매이지 않고, 내적인 여유를 가지고 성찰하고, 생각하고, 경청하고 기도한다. 우리는 길에서 우리가 모르는 사람들에게, 그리고 그들 각자 자신의 물음을 갖고 우리와 함께 걷고 있는 동료 순례자들에게 거의 말을 건네지 않는다. 우리는 각자 예루살렘에 이르는 우리의 여정 속에 있고, 앉아 있기도 하고, 나귀가 아닌 자동차를 타고 가고 있다. 예수께서는 우리와 함께 전면에 앉아 있다. 그분은 우리와 함께 순례의 여정을 계속하는 친구이시며, 우리와 함께 빵을 나누는 분이시며, "나는 너희를 홀로 버려두지 않겠다."(요한14, 18)고 약속하신 분이시다.

 잠

그래서 주 하느님께서는 사람 위로
깊은 잠이 쏟아지게 하셨다. (창세2,21)

당신께서 사랑하시는 이에게는 잘 때에 ··· (시편127,2)

나 자리에 누워 잠들었다 깨어남은
주님께서 나를 받쳐 주시기 때문이다. (시편3,5)

주님, 당신만이 저를 평안히 살게 하시니
저는 평화로이 자리에 누워 잠이 듭니다. (시편4,9)

그때에 거센 돌풍이 일어 물결이 배 안으로 들이쳐서,
물이 배에 거의 가득 차게 되었다.
그런데도 예수님께서는 고물에서 베개를 베고 주무시고 계셨다.
(마르4,37-38)

베드로와 그 동료들은 잠에 빠졌다가 깨어나
예수님의 영광을 보았다. (루카9,32)

예수님께서는 세 번째 오셔서 그들에게 말씀하셨다.
"아직도 자고 있느냐? 아직도 쉬고 있느냐? 이제 되었다. (마르14,41)

하느님은 밤에 잠자지 않는 사람들을 좋아하지 않으신다. 잠은 하느님이 사람에게 선사한 가장 아름다운 선물 가운데 하나이다. 잠은 사람의 친구이다. 잠은 하느님의 친구이다.(샤를르 페기, 1873-1914)

밤에 잠자리에 들 때의 기쁨! 임신이 이루어지는 침상, 새로운 생명이 탄생하는 침상, 고통의 신음으로 채워지는 침상, 사랑의 침상, 죽음의 침상, 숙면을 취하는 안도감. 일상의 피로를 씻는 잠, 녹초가 되어 취하는 잠. 꿈의 세계, 무의식의 세계. 대하 드라마 같은 내가 꾼 꿈, 유년 시절의 꿈. 지난 날의 기억, 여행이 이뤄진 길들에 대한 상념, 사랑하는 사람들과 얽힌 기억. 내 전 생애의 메아리가 담긴 기억의 저장 탱크. 밤에 깨었다가 다시 잠에 빠져들기. 자신의 꿈에서 깨어나기.

잠에 빠져들기 전 날의 마지막 순간들과 잠에서 깨어났을 때의 첫 순간들은 기도 하기에 제일 적합한 은총의 시간들이다. 잠의 첫 순간들과 마지막 순간들은 곧 성사들이고, 거룩한 순간들이고, 특별히 의식되는 시간들이다. 그것은 우리가 우리 존재의 심연, 우리 존재의 근거[기반]에 가장 근접하는 때이다.

잠은 졸지 않으시고 깨어 계시는 내 하느님의 풍요로운 평화와 사랑의 마음 속에서 쉬는 때이다. 주님 안에서 잠자는 이는 복되도다. 내가 잠잘 때, 그분은 도시를 지켜주신다. 내가 잠든 밤에 그분은 지구의 중심축을 돌려 모든 것을 바꾸어 놓으시고 어두움을 새날의 빛으로 바꾸신다. 잠은 사람의 마음을 고독으로 애워싼다. 잠은 지칠줄 모르는 존재의 비밀이다.

잠이 든 밤에 사람은 꿈을 꾸고, 그분의 주 하느님이 부르신다. 야곱은 사다리에 오르는 꿈을 꾸었다. 사무엘은 그분의 음성을 들었다. 말씀이 욥에게 전해졌다. 욥은 깊은 잠에 빠져든 밤에 하느님의 현시(顯示) 속에서 그 낮은 속삭임을 포착했다(욥4장).

하느님의 사신[천사]이 잠이 든 요셉에게 거듭 나타났다. "일어나 아기와 그 어머니를 데리고 이집트로 피신하여라."(마태오2, 13)

"나는 잠들었지만 내 마음은 깨어 있었지요."(아가5, 2)

그러고나서 주님께서 안배하신 새날을 맞이하는 기쁨과 설렘으로 깨어나고, 그분의 영으로 채워져서, 여전히 숨쉬는 경이로움과 놀라움으로 새날을 맞이한다.

저의 하느님 제가 외치는 소리를 귀여겨들으소서. 당신께 기도드립니다. 주님, 아침에 제 목소리 들어 주시겠기에 아침부터 당신께 청을 올리고 애틋이 기다립니다(시편5, 2-3).

걷기

그들은 주 하느님께서 저녁 산들바람 속에
동산을 거니시는 소리를 들었다. (창세3,8)

너는 내 앞에서 살아가며[걸어가며] 흠 없는 이가 되어라. (창세17,1)

예수님께서는 갈릴래아 호숫가를 지나가시다가 … 그들에게 이르셨다.
나를 따라오너라. (마태4,18-19)

빛이 너희 곁에 있는 동안에 걸어가거라. (요한12,35)

그리스도께서 우리를 사랑하시고 또 우리를 위하여
당신 자신을 … 내놓으신 것처럼,
여러분도 사랑 안에서 살아가십시오[걸어가십시오]. (에페5,2)

여러분이 받은 부르심에 합당하게 살아가십시오[걸어가십시오].
(에페4,1)

그렇게 이야기하고 토론하는데,
바로 예수님께서 가까이 가시어 그들과 함께 걸으셨다. (루카24,15)

하느님은 저녁 산들 바람 속에서 아담과 이브와 함께 걷고 또 말하였다. 예수께서는 갈릴래아·사마리아·유대아 지방을 종횡무진으로 당신 제자들과 함께 걸으셨다. 그분은 호수를 걸으셨고, 여러 언덕과 산과 평원을 걸으셨고, 헤르몬 산과 타볼 산과 올리브 산을 걸으셨다. 그분은 도시와 마을의 거리를 걸으셨다. 우리의 발걸음은 모두 엠마오로 가는 걸음걸이다. 그 어떤 것이 우리를 가로막아 우리가 그분을 알아뵙지 못할 때도 그분은 여전히 우리 곁에서 걸으신다.

걷는 것은 또한 보는 것이기도 하고, 느끼는 것이기도 하고, 일종의 현존이고, 자신을 현존하게 해주는 것이다. 아리스토텔레스를 추종하는 철학 학파가 있었으니, 걸어 오르 내리고, 걸어나갔다 되돌아오고 하는 걷는 행위의 과정에서 그들의 철학 사상을 발전시켰는데,

그들을 이름하여 '소요학파'라 한다. 몸을 움직이는 행위를 통하여 마음을 움직여, 특정 주제의 면모를 이리저리 살핀다. 선불교라고 하는 명상을 하는 불교 종파가 있는데, 그들도 명상의 한 방법으로 걷는다. 이를 이름하여 행선(行禪)이라 한다.

발자국을 남겨 장소를 식별하는 방법이 있다. 당신은 어떤 곳에 이를 수 있는데, 그것은 당신의 손으로 신중하게 당신이 특정한 곳을 지나갔다는 자취를 남겼기 때문에 가능하다. 초원과 아스팔트, 나무와 콘크리트, 바위와 모래는 각기 구별되는 압력으로 인하여 각기 특유의 발소리를 낸다. 걸음으로써 관대함과 고요함과 개방성과 자유를 누리게 된다. 날씨의 변화는 매번 걸을때 마다 새로움을 가져다 준다. 빗속에서 걷기, 햇볕 아래서 걷기, 바람 속에서 걷기, 눈 속에서 걷기. 발걸음 소리와 그 반향음! 사람은 걷는 도중에 어떤 기분에 휩싸이기도 하고, 음악과 도시와 숲 그리고 강과 호수의 소리와 침묵을 발견하기도 한다.

움직임[運動]의 가장 자연스러운 형태는 사람의 발걸음 곧 보폭이다. 이를테면 한 시간에 3마일[약 4.8킬로미터]을 걷기도 하고, 하루에 30마일[약 48킬로미터]을 걷기도 한다. 우리는 우리의 발을 들어 올리고 팔을 흔드는 리듬을 얼마나 오랫동안 익혔던가! 모든 사람은 각자 자기 나름의 독특한 걸음걸이가 있고, 자신 만의 특유한 리듬이 있다. 사람의 온몸이 거기에 반응한다. 양팔이 흔들려 발걸음을 움직이고, 숨이 가슴을 채워 깊어지게 하고 채운다. 우리는 각자 특유의 몸짓으로 땅을 걷고, 발뒤꿈치나 발끝, 혹은 그 둘을 함께 사용하여 걷는다.

우리는 걷는 그 자체의 즐거움 때문에 걷고, 우리 자신의 차원을 할 수 있는 만큼 가장 크게 펼치기 위하여 걷는다. 천장 바닥에 붙어 있는 파리처럼, 우리는 오직 중력에 의지하여 땅의 제일 높은 곳에서 걷는가 하면 그 바닥에서 걷기도 한다. 지구는 사랑의 중력으로 우리가 지구에서 떠나지 않게 잡아준다.

나는 어머니인 대지가 우리의 모든 발걸음이 닿을 때마다 그것에 대하여 어떻게 반응하는지 궁금하다. 맨발과 샌들, 장화와 슬리퍼, 직업용 신발과 운동용 신발, 무거운 발걸음과 가벼운 발걸음! 어린아이의 첫 발걸음과 죽어가는 사람의 마지막 발걸음, 봄에 걷기와 가을에 걷기, 골고타 산을 향한 발걸음과 승천하는 발걸음. 모든 발걸음은 축복이고, 기도이다. 생명의 새로움 안에서 걷기. 믿음과 영 안에서 걷기. 그의 발자국 소리를 보고 들어라.

어두움

하느님이 우리에게 주신 많은 선물[은총]이 감춰져 있고 드러나지 않는데, 그것은 그 선물들이 우리에게 너무나 가까이 있기 때문이다. 그분은 우리에게 거듭하여 "너희가 어린이와 같이 되지 않으면 … " 이라고 말씀하신다.

어두움
　불
　　음식
　　　그리고 발걸음 까지도

잠시 멈추고 내면으로 향하도록, 그리고 언어와 상징을 넘어선 실재에 사로잡히고 황홀해지도록, 또한 기도와 경배를 하도록 하는 서곡을 체험토록 하는 초대들이다.

완전히 어두운 공간을 하나 마련한다. 이를테면 빛 한줄기도 들어 오지 않는 곳으로 창문이 없는 문이나 홀[강당]이나 무대 혹은 저장실 같은 곳.

할 수 있는대로 아주 편안한 자리를 마련한다. 모든 등을 치우고, 외부에서 들어오는 모든 빛줄기를 차단한다. 그리고 조용히 자리에 앉은 뒤에 눈을 감고, 숨을 고른다. 이때 내 몸에서 긴장된 부위가 어디인지 살피고나서, 나의 내면 깊숙한 곳으로 서서히 그리고 깊이 완전히 가라앉도록 한다.

(일정한 시간이 지난 뒤) 이제 눈을 뜨고 완전한 어두움을 맛본다.

이때 어두움에 휩싸인 당신의 첫 느낌을 의식한다. 눈을 뜨고 나서 당신의 눈 앞에 펼쳐진 칠흑같은 어두움을 대면하는 것은 매우 낯선 일이다. 현대 문명은 자연 채광이 아닌 각종 전등 같은 인공으로 된 빛으로 채워져 있으므로, 이와 같이 완전한 어두움을 거의 체험할 수 없다. 우리는 실상 완전한 어두움을 체험할 기회를 박탈당하고 있다. 오늘날 사람들 대부분은 별들에 대한 지식과 느낌 그리고 거기서 흘러나오는 빛줄기와 새벽 하늘에서 퍼져나오는 신비로운 느낌들을 거의 다

잃어버렸다. ··· 빛은 거리를 만들어 내고, 어두움은 가까움과 친밀감을 조성해 낸다. 어두움은 공간과 시간을 제거한다. 모든 어두움은 같다. 이것이 창조의 심연을 감싼 어두움이다. 이것이 우리가 모태에 있을 때, 우리를 감싼 어두움이고, 어린 아이로서 우리가 알았던 어두움, 죽음과 무덤에서 우리를 감싸안는 어두움이다. ··· 우리의 눈이 제 구실을 다하지 못할 때, 신체의 촉감은 강화된다. 당신의 온 몸이 다소 긴장되고 조심스러워지는 느낌을 의식한다. 당신의 몸이 차지하는 공간과 당신에게 가까이 있는 것을 당신의 몸으로 느껴 볼 수 있도록 감지하려는 일종의 섬세한 레이더를 의식한다.

이제 당신의 손을 들어올린다. 그리고 당신의 눈을 크게 뜨고나서 쳐든 손을 당신의 얼굴 앞에 둔다. ··· 당신의 손이 당신의 눈 앞에 있어도, 당신은 그것을 볼 수 없다는 것을 안다.
어두움은 우리의 자의식을 넘어서고, 우리는 더욱 자유로이 말할 수 있다.

이제 어두움에 대하여 내가 체험한 것, 그 어떤 느낌들을 편하게 표현한다. ··· 태어나면서부터 앞을 보지 못하는 사람에게 근심과 고통을 안기는 것은 무엇인가?

이제 할 수 있는 한 아주 조용한 가운데 곁에 함께 앉은 사람들을 향하고, 그들의 얼굴을 바라본다. 당신은 그들을 바라보지만, 실제로 아무 것도 볼 수 없다. 그들도 당신을 향해 돌려 앉아 당신을 바라본다고는 하지만, 어두움 속에서 정작 그들의 시선은 다른 방향으로 향할 수 있다.

(장애물이 없어서 뛰어도 부딪히거나 나뒹그러질 우려가 없는 곳이라면)

가급적 조용히 일어서서 아주 천천히 그리고 조용히 방 주위를 걷는다. 좀 예민해지는 느낌이 들고, 웃고 싶을 수도 있다. 숨을 길게 들이쉬고 내쉬면서 당신의 내적 평화의 중심으로 돌아간다. 당신이 다른 사람을 스치듯 지나갈 수 있듯이, 당신도 다른 사람이 스치고 지나가는 것을 느낄 것이다. 이것이 이 시간에 당신이 하는 모든 것이고, 특히 우리가 아는 사람들과 함께 당신이 하는 모든 것이다. ··· 지금 시점에 당신이 어디에 서있든, 바로 그곳에 다시 앉는다. 그러고나서 당신과 함께 걸었던 사람이 누구인지 모르는 가운데, 어두움 속에서 걸었던 당신의 이 체험을 되새긴다.

우리는 하느님을 빛으로 여기지만, 하느님은 또한 어두움이다. 빛 속에서 보다도 우리는 종종 어두움 속에서 그분을 더 가까이 느낄 수 있다. 빛은 거리를 만들고, 어두움은 가까움과 친밀함을 조성한다. 어두움이 나를 완전히 애워싸듯이 하느님은 나를 완전히 애워싼다. "아무도 하느님을 본 적이 없다. 아버지와 가장 가까우신 외아드님 하느님이신 그분께서 알려 주셨다."(요한1,18) 오직 믿음 만이 우리의 마음과 이성을 덮어버린 어두움을 극복할 수 있다. 어두움 속에서 우리는 한치 앞의 우리의 손도 볼 수 없고, 바로 우리 옆에 있는 사람의 얼굴도 볼 수 없다. 어떤 면에서 우리의 눈은 참으로 대단하지만, 또 한편으로는 가까이 있는 것도 볼 수 없을 정도로 형편없다. 우리의 눈은 다른 표면에서 반사되는 빛을 포착할 뿐이다. 어두움 속에서 우리는 더욱 깊이 본다. 낮에 우리는 이삼백 미터 거리에 있는 사람의 얼굴도 인지할 수 없다. 그러나 밤에 우리는 머나먼 곳에 있는 은하수를 볼 수 있다.

어두움 속에서 당신 곁을 지나간 사람은 누구였나? 어두움 속에서 당신 왼쪽 어깨를 스치고 지나간 사람은 누구였나? 분명 어떤 사람이었을 것이다. 그랬었을 것이다. 그래, 어떤 사람이었을 것이다!

당신의 눈은 당신에게 그 방에 아무도 없었다고 말한다. 그러나 당신은 그 방에 여러 사람이 있었다는 것을 안다. 당신은 기도를 볼 수 없지만, 당신이 기도할 때 마다 당신이 기도하는 모든 사람들과 연계되어 있음을 안다. 누군가 기도할 때, 그는 그리스도 안에 있고, 그리스도와 함께 있다. 그것이 바로 일치이고 성인들의 통공이다. "우리가 하나인 것처럼 그들도 하나가 되게 하려는 것입니다. 저는 그들 안에 있고 아버지께서는 제 안에 계십니다."(요한17,22-23)

이제 불이 들어오면, 당신의 눈을 감는다. 그런 뒤에, 당신 곁에 있는 사람들 가운데 당신과 함께 나눌 사람을 찾아서 그와 함께 당신의 경험을 나눈다.

음식에 대한 명상

세계 모든 종교에서 식사는 거룩하고 성스러운 행위이다. 종교의 관행 가운데 제일 오래 지속되어 온 것 가운데 하나가 바로 식사 전후의 기도이다. 음식을 두고 하는 기도는 우리가 바치는 시종여일한 감사의 행위이다(한편 히브리 성경에 들어있는 기도문 가운데 '비탄의 시편'도 흔히 볼 수 있다). 1950년대 중반까지만 해도 대부분의 수도 공동체와 신학교에서는 침묵 속에서 영적 독서를 들으며 식사를 했다. 몇몇 수도승 공동체에서는 이것이 지금도 관행으로 남아있다.

수도승 공동체는 여러 세기에 걸쳐 내려온 밤에 소등을 하는 전통이 지켜지고 있는데, 이것은 너무나 당연한 일이다. 사람들은 잊는다. 오늘날 전통의 언어는 더 이상 이해되지 못하고, 그러한 실행은 외면당하고 있다. 그러나 깊은 인간의 가치와 진리는 오랫동안 묻혀 있지 못한다. 사람들은 그것이 사람 자신처럼 늙었든지 젊었든지 상관없이 사람 혹은 사람과 관련된 것을 뒤늦게 깨닫고 거기서 새로움을 발견한다.

인도와 일본에서, 나는 침묵 속에서 이루어지는 식사와 음식에 대한 명상의 오래된 가치를 재발견했다. 일본의 다도(茶道)는 트라피스트 수도원 전례의 외경과 깊이와 단순성에 매우 근접하는 관상적 행위이다. 불교 수도승들이 행하는 식사전 기도는 침묵 가운데서 음식을 할 수 있는대로 천천히 오랫동안 섭취할 때에 두번 행해진다. 어느 인도인은 식사 전에 자신이 섭취할 음식을 먼저 제단 앞에 두고, 신에게 그것을 봉헌하는 기도를 올린다. 이러한 모습을 지켜보며, 내 기억에 곧장 떠오르는 기억은 구약 성경에 나오는 것인데, 그것은 최상의 것을 취하여 주님을 위한 번제물로 봉헌하는 "평화의 봉헌물[제물]", 통교의 희생, 기쁨의 식사였고, 남은 것은 제물 봉헌자[사제]가 먹을 수 있도록 한 것이었다. 그러므로 음식에 대한 이와 같은 생각은 제의 희생과 하느님과의 일치로 이어진다.

모든 음식은 하느님이 내려준 만나(manna)이다. 모든 식사 행위를 통하여 모든 것을 주시고 사랑하시는 하느님과 일치를 이룰 수 있다. (여기서 조금 진지하게 생각해 보자.) 우리의 음식은 성의없이 재빨리 긋는 십자성호와 서둘러 내뱉는 감사의 기도 몇마디로 축복이 되지 않는다. 십자성호와 감사의 기도 몇 마디는 음식을 성화시킬 수 없다. 축복[은총]을 비는 것은 거룩한 것 앞에서, 거룩하신 하느님에게서 주어진 선물[은총]에 대한 외경의 행위이다. 기도는 그것을 섭취하는 이가 거룩하다는 인식이고, 하느님의 아들, 그분의 아드님과 함께 천상의 잔치에 참여한다는 것을 알아차리는 것이다.

시작합니다:

모든 사람이 만찬 식탁에 앉는다. 이 명상은 그 식사가 주일이나 축제일에 행해지면 가장 바람직 할 것이며, 만찬을 할 식탁을 잘 차리듯이 참석자들도 의복을 잘 차려입으면 바람직할 것이다. 우리는 너무 많이 먹지만, 거의 제대로 식사를 하지 않는다. 여기서 기도문은 읽지 않는다. 우리의 식사 행위가 곧 우리의 기도가 될 것이다.

눈을 감고, 숨을 고른다. 그리고 긴장된 부위를 살피고 나서, 당신 내면의 평화의 중심으로 들어가서, 당신이 먹으려는 음식의 향을 맡는다. 당신의 '만나'를 기쁨과 감사의 미소로 환영한다.

눈을 뜨고 당신이 먹으려는 음식을 눈으로 즐긴다. 식사 도구를 사용하거나 당신의 손가락을 사용한다. 어린 아이들은 음식을 즐길 줄 안다. 그들은 보통 음식을 가지고 잠깐 동안 놀이를 한다.

당신이 무엇을 먹든지 할 수 있는대로 그것 하나 하나의 맛을 본다. 음식 하나 하나를 삼키기 전에 입 안에서 충분히 씹는다. 우리가 음식을 먹고 음료를 마시듯이 예수께서는 당신의 몸과 피를 영원히 기억하고 기념하라는 깊이 있는 말씀을 남기셨는데, 우리의 식사 행위는 예수께서 행하신 것처럼 거룩한 행위라는 것을 의식한다.

당신이 먹는 음식을 경청한다. 그 음식이 자신의 언어로 자신의 내밀한 것을, 자신의 역사를 당신에게 말하게 한다. 음식 각각의 색, 결, 크기, 형태 그리고 소리를 즐긴다. 온 세상이 당신의 식탁에 현존한다. 그 음식들이 당신의 그릇에 담기기 까지 얼마나 많은 보이지 않는 손길들이 수고를 마다하지 않았는가!

당신이 먹는 것들이 그 생명의 기운을 담보하고 당신의 생명 속에 들어가도록 허용한다. 이제 그 음식은 당신이 된다. 가족의 식탁 ⋯ 아버지의 집. 어머니의 밀가루, 아버지의 포도 ⋯ 빵—그것은 여성의 손으로 창조된 것 ⋯ 술[포도주]—그것은 남성의 손으로 빚어낸 작품. "오늘 저희에게 일용할 양식을 주소서." 하느님은 세상을 너무나 사랑하시어, 음식 곧 우리의 빵과 포도주가 되시었다. 그분은 빵과 포도주를 당신 자신으로 변화시키셨다. ⋯ 그래서 우리는 그분처럼 된다. 우리는 빵과 포도주가 변하여 우리의 몸과 피가 되게 한다. 우리가 그분의 몸을 먹고 그분의 피를 마실 때, 그분은 우리를 변화시키시어 그분 자신이 되게 하신다. "이제는 내가 사는 것이 아니라 그리스도께서 내 안에 사시는 것입니다."(갈라2, 20)

같은 식탁에 앉는 것은 우정의 표지요, 사랑의 표지요, 같은 생명을 공유하는 표지이다. 함께 먹는 것은 서로가 서로를 받아들이는 것이다.

그리스도의 몸과 피가 현존할 때, 온전한 그리스도가 된 우리는 현존한다. 우리가 그 분을 받아들일 때, 우리는 그분 안에 있는 모든 사람을 받아들인다.

"나를 사랑하면, 내 양들을 돌보아라."

당신이 식사를 마치면, 눈을 감고 당신의 중심에 머문다. 당신의 식사는 끝났지만, 당신의 몸이 섭취한 것들은 이제 당신의 몸이 되는 과정에 있다는 것을 의식한다. 당신의 새로운 생명이 전개되는 신비를 의식한다.

이제 눈을 뜨고, 당신과 함께 식탁에 앉은 사람들과 서로 감사의 인사를 나눈다.

발 씻기 [세족례]

이것은 그리스도께서 가르치신 명상훈련이다. 모든 그리스도교 공동체는 성 목요일 전례에서 이 표징을 경험하고 거행하도록 초대 받았다. 초기 교부들 가운데 몇몇은 발 씻기[세족례]를 하나의 성사적 표징으로 여겼다. 많은 이들이 군중 가운데서 이 예식을 지켜보았고, "너희의 주님이고 스승인 내가 너희의 발을 씻겨주었으니, 너희도 서로 발을 씻겨주어라."고 하신 주님의 말씀이 있었음에도 불구하고, 직접 이 전례의 경험을 위하여 참석한 이들은 거의 없었다. 이것은 매우 어색하고 난처한 명령이다. 우리는 선뜻 베드로와 같이 되어 외칠 수 있다. "당신께서는 제 발을 절대로 씻지 못하십니다." 그러나 곧 이어 우리는 예수께서 베드로에게 하신 놀라운 대답에 직면하게 된다. "내가 너를 씻어 주지 않으면 너는 나와 함께 아무런 몫도 나누어 받지 못한다."

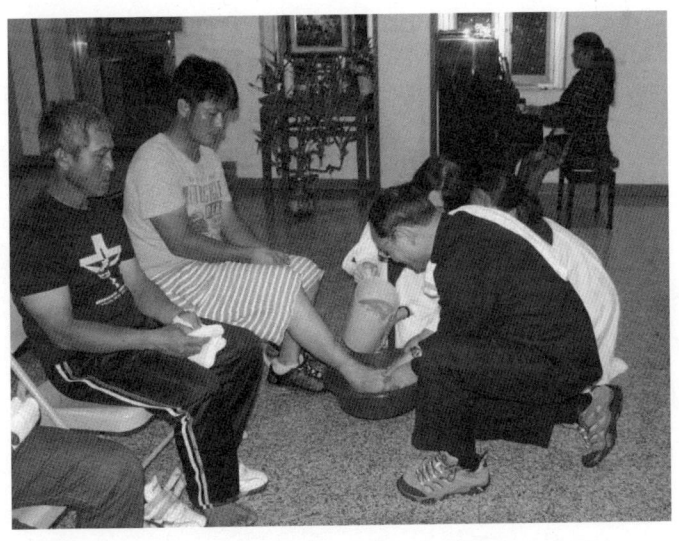

예수께서 세족례를 거행하신 것처럼, 성찬례가 준비된 곳에서 한 가족 단위의 규모가 이 예식을 거행하는데 가장 적합하다.

참석자는 모두 맨발이어야 한다.

가족 단위의 규모로 사람들이 무리[조]를 지어 앉는다(인원이 많으면 그만큼 무리를 더 나눌 수 있다). 세수대야, 주전자, 수건을 무리 가운데 둔다. 말씀의 전례는 성 목요일의 것을 채택한다. 세족례 예식을 앞두고 평소와 다른 환경에서 다소 주저하거나 부자연스러움을 느낄 수 있는데, 이를 극복할 수 있도록 기도와 겸손의 정신으로 각자 침묵 가운데 마음으로 기도한다.

이 예식을 주관하는 사제는 요한복음 13장 1절부터 11절까지 읽는다. "파스카 축제가 시작되기 전 … '너희가 다 깨끗한 것은 아니다.' 하고 말씀하신 것이다." 여기서 사제는 읽기를 멈추고, 제의와 영대를 벗고, 세수대야와 주전자를 들고 수건은 그 오른편에 있는 사람에게 맡긴다.

참석자는 모두 눈을 감는다. 그 뒤 숨을 고르고 자신의 내면에 있는 중심으로 들어간다. 그 중심에서 이제 곧 이루어질 세족례를 통하여 그리스도께서 하시는 이 상징적 행위와 그 깊은 뜻[신비]을 온전히 체험하고, 또 그 자신이 다른 사람에게 행할 같은 행위가 담고 있는 뜻을 깊이 체험하기 위한 것이다.

사제는 기도와 존경의 뜻을 지니고 자기 앞에 앉아있는 사람 앞에서 무릎을 꿇고, 그의 두 발을 씻는다. 이어서 그 사람의 발을 닦을 때, 겸손의 뜻으로 그의 두 발에 각각 입맞춤[親口]을 한다. 그러고나서 사

제는 수건과 물주전자를 그에게서 막 발을 씻긴 사람에게 건네주고, 그 사람은 다음 사람에게 사제가 그에게 했던 것과 똑같은 방식으로 세족례를 거행한다. 이와 같이 진행이 되어 마지막 사람에 이르면, 그 사람은 끝으로 사제에게 세족례를 거행한다.

이 세족례를 거행할 때, 음악이나 노래는 필요없다. 참석자들은 각자 기도하는 마음으로 발을 씻길 때 나오는 물소리를 듣고, 예수께서 거행하셨던 최후의 만찬을 기억한다. 예수께서는 당신의 손으로 빵을 들기 전에, 제자들의 발을 들어 씻겨주었다.

사제의 발이 다 씻기고 나면, 사제는 다시 자신의 제의를 입고, 계속하여 요한복음 13장 12절부터 18절까지 읽는다. "예수님께서는 제자들의 발을 씻어 주신 다음, 겉옷을 입으시고 다시 식탁에 앉으셔서 그들에게 이르셨다. "내가 너희에게 한 일을 깨닫겠느냐? … 이것을 알고 그대로 실천하면 너희는 행복하다.""

묵상합시다:

"네가 너희에게 한 일을 깨닫겠느냐?" 누가 너의 발을 씻어주었느냐? 그것은 누군가의 손이었을 것이다. … 그것은 그분의 손일 수 있다! … 그것은 그분의 손이었다! 그분은 다른 손이 없다! … 누구의 발을 씻어 주었나? 그것은 누군가의 발이었을 것이다. 그것은 그분의 발일 수 있다! … 그것은 그분의 발이었다! 그분은 다른 발이 없다! 그렇다! 너의 손과 발 그리고 나의 손과 발을 제외하고, 그분에게 다른 손이 없고, 다른 발이 없다!

그분이 당신의 손으로 빵을 들어 쪼개서 그것을 당신의 몸이 되게 하기 전에, 그분은 당신 제자들의 발을 들어 씻어주셨다! 이것은 도유(anointing)와 같이 영원히 지워질 수 없는 행위임에 틀림없다! 이 발들이 그분의 발자취를 언제까지나 추종해야 하지 않겠는가! "복음의 기쁜 소식을 전하는 이들의 발걸음은 얼마나 아름다운가!"(이사야) 발을 씻기고, 입을 맞춘 그들의 방식, 그러한 행위를 잊어버릴 수 있을까! 그 순간의 기억에서 이끌려 나오는 강력한 것이 있지 않은가! 또 다른 순간 순간에, 곧 그들의 선교 여정 중 험한 길을 걸을 때, 그들의 발은 지치고 피가 날 수 있다.

어떤 사람은 그분의 손과 발에 대하여 궁금해 한다. 다음날 황혼이 오기 전에 십자가에 못 박힌 그 손과 발, 그것들은 무엇과 같은가!

그분을 따르는 사람들의 발걸음은 얼마나 복된가! 이제 우리의 발들이 땅에 닿아, 우리의 발걸음이 닿는 곳마다 그곳을 거룩하게 한다. 당신의 신발을 벗어라, 땅은 거룩해 진다! 나를 따르라, 내 발자국을 따르라, 내 발자국이 만들어 낸 길, 그것을 위하여 너의 발은 지금 도유되었다.

이제 당신의 응답을 공동체와 함께 나눈다.

그러면 공동체의 "발자국", 그 길은 성찬의 식탁으로 향하고, 전례는 계속된다.

불에 대한 명상

불에 대한 명상은 교회가 부활성야 전례에서 우리에게 가르친 것으로, 이것은 교회가 우리에게 가르친 명상들 가운데 첫번째 명상이다. 그런데 이 명상은 그 내용이 아주 풍부하여 부활성야 하룻밤으로 제한할 수 없다. 제단 주위의 모든 등, 제대에 밝혀진 모든 초는 성사의 신비를 기억하고 거행하며 불에 대한 기도를 하도록 하는 초대이다.

참석자들은 벽난로 주위, 혹은 옥외에 준비된 화덕 주위에 모인다.

참석자들이 침묵 가운데 불을 지피는 불꽃이나 불길을 지켜보도록 초대 되었음을 전한다. 부싯돌을 부딪혀 일어나는 불꽃의 경이로움, 돌에서 튀어나오는 불꽃, 불!

이완되지 않은 자세로 참석한다. 불 자체는 고요하여 사람들이 내면의 깊은 침묵에 들게 한다.

불을 길들인 것은 인간의 첫번째 정복이다. 프로메테우스는 신들에게서 불을 훔쳐냈다. 불은 인간의 가장 오래된 협력자이고, 결코 다시 뒤집을 수 없는 친구인가 하면, 너무 쉽게 인간의 적이 되기도 한다. 불은 절대로 완전히 길들여지지 않는다. 불은 그 자신에게 속하고, 그 자체 예측불허의 흉포함과 파괴를 내포하고 있다. 그것은 어떤 면에서 제어될 수 있지만 바뀌지는 않는다. 그것과 닿는 것이 무엇이든, 모두 불 자체가 되어 버린다. 그러나 그것은 그 자체에 의하여 존재할 수 없다. 불은 무엇인가 부착되어 있고, 본래 타고난 그 어떤 것이 있다. 불은 형태가 가변적이며, 무언가를 새롭게 만들어내고, 오래된 것을 새로운 가능성으로 빚어낸다. 불은 인간의 훌륭한 종이고, 인간의 가장 강력하고 창조적인 도구이다. 인간은 손으로 불을 만질 수 없으나, 여전히 그것을 가지고 인간의 문명을 건설하는데 필요한 유용한 동력으로 삼고, 그것으로부터 배우고 또 계속 연구하고 있다. 문명과 문화의 이야기는 집안의 화덕에서부터 우주 공간에 이르기까지, 부싯돌에서 발생한 불꽃에서 핵폭탄에 이르기까지 모두 불에 대한 이야기이다.

참석자들은 이제 불이 자신에게서 끌어낸 자신의 의식의 흐름을 큰 소리로 말한다. 시, 노래, 기도, 성경구절 등으로.

"나는 세상에 불을 지르러 왔다. 그 불이 이미 타올랐으면 얼마나 좋으랴?" …
"갑자기 하늘에서 거센 바람이 부는 듯한 소리가 나더니, 그들이 앉아 있는 온 집 안을 가득 채웠다. 그리고 불꽃 모양의 혀들이 나타나 갈라지면서 각 사람 위에 내려앉았다."
"예수님의 마음은 사람들을 향한 뜨거운 사랑으로 타올랐다."
밤의 불기둥.
"제단에서 타는 숯을 부집게로 집어 손에 … 그것을 내 입에 대고 말하였다." (이사6,6)
태워버리는 불 같으신 하느님!
"우리 안에 당신의 거룩한 사랑의 불을 점화시켜주소서."
"사랑은 죽음처럼 강하고 정열은 저승처럼 억센 것. 그 열기는 불의 열기 더할 나위 없이 격렬한 불길이랍니다." (아가8,6)

작열하는 불가마 속의 세 젊은이.
유혹의 불, 정화의 불.
"그대 자신을 태우는 불꽃같은 사람이 되어라" (뽈 끌로델)
부활성야 촛불, 감실등, 제대의 촛불, 기도의 촛불, 세례의 촛불, 결혼식 촛불, 서약[서원]의 촛불, 서품식의 촛불.
불의 질은 그 재료의 질에 달려있다.
거룩한 불―희생의 불, 분향의 불―봉헌의 신성성.
"주 너희 하느님은 태워 버리는 불이시며 질투하시는 하느님이시기 때문이다." (신명4, 24)
"모두 불 소금에 절여질 것이다." (마르9, 49)
"그분께서는 너희에게 성령과 불로 세례를 주실 것이다." (마태3, 11)
불덩어리 태양, 별들, 초, 성냥, 인간의 마음.

사물을 가지고 명상하기
— 성사적 감각을 증진시키는 연습

"어린이와 같이 되지 않으면 … "

어린이들이 경이로운 느낌을 가지고 신나는 상상을 하는 것은 얼마나 사랑스러운가! 어린이들은 자신들의 삶에서 겪는 모든 것들에 생기를 불어넣고, 인격화하고 친구처럼 대한다. 우리는 너무 빨리 늙고, "눈이 있어도 보지 못하고, 귀가 있어도 듣지 못하고, 손이 있어도 만질 수 없다." 경이로움에 대한 우리의 감각을 잃지 않는 것은 우리 자신이 거룩함과 성사에 가깝게 하는 것이다.

시작합니다:

밖에 나가서 대자연 가운데 있는 몇몇 사물[물건]이 당신을 선택하게 한다. 그것들은 예컨대, 돌·꽃·풀잎·잡초·깃털·모래알·솔방울·조개껍질·나뭇잎 등, 가공되지 않은 것이어야 하며, 자연 상태에서 존재하는 것으로 당신이 손으로 집을 수 있는 것이면 된다.

성사와 같은 예식에 참여할 때와 같은 공경의 자세를 갖는다. 눈을 감고 숨을 고른다. 긴장된 부위가 이완되도록 하여, 당신 내면의 깊은 곳으로 들어간다. 매 손가락 끝에서 공기가 감도는 것을 의식하고, 당신 손에 놓여 있는 사물을 의식한다. 당신 손가락으로 그것을 건드리지 않고, 그것이 당신의 손 안에서 어떻게 느껴지는지 의식한다. 곧 그것의 표면, 그것의 무게, 그것이 따뜻한지 차가운지, 그것의 결을 의식한다. 이제 경건하게 당신의 손가락으로 당신 손 안에 놓여있는 그것을 탐색하기 시작한다. 손가락으로 직접 접촉했을 때의 그 느낌은 얼마나 다른가! 당신의 눈이 그것의 딱딱함이나 부드러움, 그것의 유연함이나 저항력, 그것의 거친 성질과 매끄러운 성질을 볼 수 없다는 것을 깨닫는다. 당신이 그것을 만짐으로써 그것이 어떻게 변화되는지 의식한다. 그것은 당신의 온기를 취하고, 수축하거나 팽창할 수 있다.

이제 그것을 들어올려 당신의 얼굴[뺨]에 갖다 대고, 당신 손에 있을 때와 당신 뺨에 접촉했을 때에 어떤 차이가 있는지 주목한다.

그것을 당신의 귀로 가져가서, 그 소리를 듣는다. 이제 그것을 당신의 코에 가까이 갖다 대고, 그 냄새를 맡는다. 그것을 당신의 입술에 갖다 댄다. 그리고 당신이 괜찮다면 그것을 당신의 혀끝에 갖다 대고 맛을 본다. 이제 그것을 조용히 그리고 공경을 다하여 당신의 무릎 위에 갖다 놓는다.

모든 것은 그것의 언어가 있고, 말할 무언가를 가지고 있다. 모든 것은 그 나름의 가치와 의미가 있다. 모든 것은 그 나름의 비밀[내밀함]과 신비가 있다. 모든 것은 그 나름의 역사가 있고, 긴 여정을 거쳐왔다. 모든 것은 그 나름의 여정이 있고, 목적이 있다. 모든 것은 무언가 나눌게 있고, 무언가 줄게 있고, 무언가 말할 것이 있고, 무언가 받을 것이 있다. 모든 것은 당신 자신에 관하여 당신에게 무언가 말할 것이 있고, 아무것도 당신에게 가르칠 수 없는 그 무엇을 당신에게 가르칠 것이 있다.

당신이 어린이와 같이 되지 않으면, 당신은 당신을 기다리는 선물과 지혜를 이해하지 못할 것이고, 그것을 받을 수 없을 것이다. 따라서 당신의 상상력 안에서 당신이 가지고 있는 그것의 크기가 결정되고, 그것의 중심으로 들어가고, 그것의 역사를 배우고, 그것의 운명에 대하여 무언가를 경험한다. 혹은 당신이 취한 사물이 당신의 크기[용량]를 결정하게 하고, 그것이 당신 내면의 중심으로 들어가게 한다. 당신 자신을 그 사물에 내어주고, 그것과 함께 하고, 그것의 여정에 잠시 동안 그것과 함께 한다. 그리고 그것을 귀 기울여 듣고, 그것에서 배우고, 그것의 이름을 발견한다. … (15분 정도).

이제 당신의 친구[사물]와 작별할 시간이다. 중요한 것은 당신이 그것과 함께 시간을 보냈다는 것이다. 만지거나 하는 몇가지 실감할 수 있는 방법으로 그것에 감사의 뜻을 표현한다.

이제 당신은 자신의 눈을 뜨고, 당신이 볼 수 있는 모든 것이 새 친구인 것처럼 그것을 볼 수 있도록 그것을 들어서 당신 얼굴 가까이 가져간다. ··· 당신이 바란다면, 당신 의식의 흐름으로부터 쓰기 시작한다.

이것은 시편을 채우는 기도의 유형이다. 매일 접하는 것[사물]들과의 경험으로부터, 모든 것이 흘러 넘쳐가는 가운데 마음과 정신은 그분에게 들어 올려진다. 모든 것은 하느님의 사랑과 선함과 경이로움과 아름다움의 선물이다. 모든 것은 하느님의 성사가 될 수 있고, 그분의 공현(Epiphany)이 될 수 있고, 그분의 현존을 드러내는 성사가 될 수 있다. 하느님의 권능과 현존을 감지하고 인식하지 못할 때에는 아무런 창조도 없고 인간의 경험도 없다. 우리 주님은 빵과 포도주, 물과 기름, 인간의 언어와 몸짓을 가지고, 그것들에 의하여 그분 자신을 만날 수 있도록 하였다.

성사와 시편은 우리가 어떻게 기도하고, 우리 생활 가운데 있는 모든 사물들 안에서 어떻게 그분의 현존과 사랑을 식별할 수 있는지 가르친다. 우리가 그분을 인식하지 못하면, "심지어 돌들이 소리지를 것이다." 우리의 동맥이 할 수 있는 것처럼 우리가 우리의 마음이 딱딱하게 굳어지지 않도록 한다면, 우리는 지속적으로 기도할 수 있을 것이고, 그분처럼 우리는 매일 들에 핀 백합과 공중의 새들이 영원하도록 할 수 있을 것이다. 당신의 마음 속에 무엇이 깃드는가? 그분의 나라에 무엇을 가져가는가? 당신을 무척 기다린다. 그분은 당신 안에서 그분께 돌아가도록 무척이나 기다리고 계신다.

손에 대한 명상 – 공동체 구현하기

다른 명상들을 할 때와 똑같은 자세를 취한다. 따라서 먼저 눈을 감고, 두 손을 무릎에 올려 놓는다. 이때 손바닥은 위로 향하고, 숨을 고른다. 긴장된 부위가 이완되게 하고, 자신의 내면의 중심으로 들어간다.

손끝 그리고 손가락과 손가락 사이, 손바닥에 공기가 접촉되는 것을 의식한다. 자신의 손의 완전함, 강함, 성숙함을 경험한다. 먼저 자신의 손을 생각하고, 자신이 알고 있는 가장 잊을 수 없는 손—아버지의 손, 어머니의 손, 할아버지와 할머니의 손을 떠올린다. 일찍이 내 손이 놓여졌던 아주 오래된 손들을 기억한다. 갓 태어난 아기의 손, 조카들의 손—어린이의 믿기 어려울 정도로 아름답고 완전하고 섬세한 손들을 떠올려 보라. 생각해 봐라. 소싯적 자신의 손도 그와 같았다.

실제로 자신의 손이 그러했고, 그렇게 자랐다. 자신이 배운 모든 것은 거의 자신의 손으로 이루어졌다. 몸을 뒤집기, 기어가기, 기어오르기, 걷기와 몸의 중심 잡기. 어디 그뿐이랴! 처음으로 무언가를 움켜잡는 것을 배우고, 손으로 음식을 집어 먹고, 씻고, 목욕하고, 옷을 입는 그 모든 것이 손을 사용하여 이루어졌다. 한때 자신이 해낸 큰 성취는 자기 신발을 신으려고 애썼던 일이다. 당신 자신의 손으로 해낸 모든 학습에 대하여 생각해 보고, 자신의 손을 가지고 해낸 수많은 활동과 자신의 손으로 만들어 낸 것들에 대하여 생각해 보라. 자신의 손으로 자기 이름을 쓸 수 있었던 그날을 떠올려 보라.

우리의 손은 비단 자신 만을 위하여 있는 것이 아니라, 남을 위해서도 있다. 손들은 얼마나 빈번히 서로 도움을 주고 받는지! 손들이 해 낸 온갖 종류의 일들을 생각해 보라. 그것들은 지치기도 하고 아프기도 했다. 그것들은 차가움과 뜨거움도 알고있고, 타박상을 입고 쓰리고 아프기도 했다. 그 손은 나와 남의 눈물을 훔치고 닦아내기도 했고, 때로는 피를 흘리기도 했고, 치유를 경험하기도 했다. 그 손들은 또 얼마나 많은 상처와 분노를 표현하고, 또 때로는 폭력을 행사하지 않았던가! 그리고 그 손들은 친절함, 온화함, 사랑을 표현하기도 했다.

얼마나 자주 두 손을 모으고 기도했던가! 손들은 또한 무력함의 표지인가 하면 강함의 표지이기도 하다. 우리 아버지와 어머니는 이러한 손들을 가지고 십자성호 긋기, 통회의 뜻으로 가슴을 치기, 악수, 손을 흔들어 '환영'의 인사를 하고, '작별'의 인사를 하는 것과 같은 위대한 상징의 언어를 가르쳤다.

우리가 자신이 사랑하는 여자나 남자의 손을 발견하는 것은 신비이다. 의사의 손이 있고, 간호사의 손이 있고, 예술가의 손이 있고, 지휘자의 손이 있고, 사제의 손이 있고, 당신이 절대로 잊을 수 없는 그런 손이 있다.

이제 자신의 오른 손을 들어 천천히 그리고 부드럽게 자신의 심장에 갖다댄다. 그리고 당신의 손이 자신의 심장박동을 느낄 수 있을 때까지 좀 더 힘을 가한다. 심장박동 소리는 무척 신비로우며, 그것은 그 자신의 박동 소리이고, 모태에서 자기 어머니의 심장박동에 따라 배운 율동이다. 잠깐 좀 더 강하게 누른 뒤, 심장에서 자신의 손을 떼면서, 심장 부위의 옷자락을 부여잡는다. 그리고 자신의 손과 심장 사이에서 온기를 느껴보라. 이제 마치 자신의 심장을 옮겨놓듯이

아주 조심스럽게 자신의 손을 다시 무릎 위에 되돌려 놓는다. 그렇게 함으로써, 당신이 자신의 손을 다른 부위로 옮길 때, 그것은 단지 뼈이고 피부인 것이 아니라, 그것이 바로 당신 자신의 심장이다. 따라서 이런 측면에서 보면 악수는 진정한 심장이식이다.

당신에게 자취를 남기고 떠난 모든 손들을 떠올려 보라. 손가락 지문(fingerpirnts), 손바닥 지문(handprints)은 절대로 씨워질 수 없는 심장의 지문(heartprints)이다. 손은 그 자신의 기억을 가지고 있다. 당신의 손바닥 지문과 당신의 심장 지문을 운반해 간 사람들이 있는 곳들을 떠올려 보라. 그것들은 지워지지 않고 영원히 지속될 것이다.

이제 당신의 눈을 뜨지 않은채 자신의 두 손을 펼치고 서로 다른 손을 찾는다. 이때 그냥 손을 마주 잡지 않고 그것을 탐색하고 이 손의 역사와 신비를 느낀다. 자신의 손이 손에게 말하게 하고, 또 한 손이 다른 손을 경청하게 한다. 어두움 속에서 당신에게 펼쳐진 이 손에 감사를 표현하도록 하고 나서, 두 손을 다시 당신의 무릎 위로 되돌려 놓는다. 손이 당신의 손 위에 오래도록 머물러 있는 현존을 체험한다. 여운은 사라질 것이지만 지문[흔적]은 영원히 거기에 남는다.

그것은 누구의 손이었나? 그것은 어떤 손 일 수 있었다. 그것은 그분의 손 일 수 있었다. 그것은 그분의 손이었다. 그분은 우리의 손 외에 다른 손이 없으시다.

이제 당신 자신의 의식의 흐름에서 흘러나오는대로 글을 쓰기 시작한다.

조배(朝拜) — 나는 너와 함께 있다

기도는 실제로 자신 앞에 현재(現在)하게 되는 일이요, 하느님 앞에 서는 것이고, 모든 실재 앞에 서는 것이다. 그러나 자신 앞에 현재하고, 완전하게 의식적이 되고, 완전히 깨어 있게 되는 것이 쉽지않다. 따라서 자신을 발견하고, 자신에게 주어진 선물을 받아들이기 위하여 연습, 훈련, 단련이 필요하다. 우리는 수많은 사건에 사로잡혀 있고, 어떤 시간이 가치있게 되도록 우리 자신에 대하여 생각해 볼 수 있는 시간이 거의 없는 그런 상황에 처하여 있다. 우리 자신을 위하여 시간을 갖는 것은 스스로 죄책감을 유발하기도 한다. 그러나 오히려 우리가 자신에게 시간을 쓸 줄 알면, 그때 우리는 진정으로 자유로워진다. 하느님께 가장 가까이 다가갈 수 있는 실제는 바로 자기 자신이다. 우리 개개인은 하느님의 실존이고, 그리스도의 현존이고, 교회의 성사이고, 세상의 선물이다. 이를 본회퍼(Bonhoeffer)는 이렇게 언명했다. "당신이 홀로 당신 자신과 함께 있기를 거부하면, 그리스도께서 당신을 부르시는 것[소명]을 거절하고 있는 것이다."

우리 개개인은 모두 "평화의 중심(peace center)"이 필요하다. 그곳은 우리가 우리 자신이 될 수 있는 곳이요, 우리가 어떠하든지, 우리가 무엇을 했든지 상관없이 우리 모두를 맞아들이는 곳[home]이다. 그것은 오두막집, 공원, 산, 숲, 소성당[경당]일 수도 있다. 나이가 들어감에 따라 우리는 다른 평화의 중심들을 찾는다. 그러나 우리 대부분이 지리적인 평화의 중심이 필요할 때, 시간과 상황이 때때로 그것을 불가능하게 한다. 여기서 우리는 평화의 중심이 우리 자신의 내면에 세워지도록 한다. 예수는 나자렛을 떠나야만 했다. 그러나 그는 자신의 내면에 있는 나자렛과 언제나 동행했다. 예수께서 그러했듯이, 우리는 자신의 나자렛, 우리의 베타니아, 곧 우리 자신의 오두막, 은둔처, 오아시스[쉼터]를 만들어야 한다.

시작합니다:

당신의 두 눈을 감고, 할 수 있는 한 허리를 곧추 세우고 앉는다. 두 발은 나란히 바닥에 딛고, 두 손은 무릎 위에 올려놓고, 두 손 바닥이 서로 닿지 않도록 하고 위로 향하게 한다. 등받이가 곧바로 선 의자가 제일 좋다. 등받이가 둥근 의자들은 명상을 할 때 몸을 지탱하기가 오히려 불편하다.

자신의 호흡[들숨과 날숨]을 의식하기 시작한다. 당신의 모든 감각이 모두 호흡에 집중되도록 한다. 당신의 호흡이 자신을 완전히 이완시키도록 한다.

긴장된 부위를 살핀다. 이삼 초 동안 자신의 두 눈을 꼭 감아 압박을 가한 뒤, 곧바로 이완시킨다. 이런 동작으로 당신의 이마와 이마의 집중점이 이완될 것이다. 당신의 머리 끝[정수리]이 앞으로 조용히 움직이게 하고, 목의 긴장된 근육이 이완되게 한다. 당신의 턱도 긴장이 되어 있으면 이완되게 한다.

당신의 온 몸이 미소짓는 것을 느끼기 시작한다. 여기 지금 있는 것이 얼마나 좋은지, 아무 일 없이 그냥 이렇게 존재하는 것이 얼마나 좋은지 느껴보라. 들고 나는 당신 자신의 호흡이 얼마나 신비한지 자각한다. 히브리인들은 그들의 숨이 곧 하느님의 숨이라고 생각하여, 그것이 자신들에게 속한 것이 아니라 하느님에게 속한 것이라고 여겼다. 그들 안에 계신 하느님의 현존이 그들을 살게 하였다. 하느님이 당신의 숨을 거두어 가면, 죽음이 되돌아와 그들의 몸을 땅으로 데려갔다. 당신의 말씀을 보낼 수 있도록, 당신은 하느님의 영 안에서 숨 쉬고 있음을 의식하라.

이제 당신의 손을 움직이지 않고 자신의 손끝에서, 손가락 사이에서, 그리고 손바닥에서 공기를 의식하기 시작한다. 공기는 늘 거기에 있고, 중력의 분위기와 부드러운 압력에서 오는 미묘한 접촉이 있다. 그러나 우리는 이것을 거의 의식하지 못하는데, 그것은 온종일 우리의 감관이 우리를 자신에게서 벗어나 밖으로 향하게 하기 때문이다. 이런 까닭에 우리는 자신에게서 이것을 거의 느끼지 못하고 있다.

당신 손의 개방성에 대하여 의식해 보기 시작한다. 이것은 인간에게, 특히 그의 두 손으로 봉헌하고 받아들이며 주고 받는, 그러한 자신의 실존의 신비에 대하여 깊이 의식하고 있는 사람에게 알려진 가장 오래된 기도할 때의 손의 자세이다. 사람이 조용히 홀로 있을 때, 그는 늘 경이로움에 가까이 다가간다. 그는 자신이 자신과 세상과 모든 것들을 초월한 어떤 분의 현존 안에 있음을 안다. 신앙인은 이것을 일러 하느님의 현존이라고 부르며, 이러한 하느님이 인간에게 말씀하시고 자신을 계시하신다. 하느님은 모세에게 말씀하셨고, 그에게 당신의 이름을 알려주셨다. "나는 있는 나다. 있는 나가 너희와 함께 있겠다." 이 약속이 우리 안에서 "있는 나다"라고 말씀하시고, 우리를 부르셔서 "내가 너희와 함께 있겠다"고 하신 그분의 말씀에 응답하도록 그리스도 안에서 살을 취하셨다. "우리는 하느님과 함께 있다."

"어린이와 같이 되지 않으면, 하늘나라에 들어갈 수 없다." "하늘

나라가 너희 안에 있다." 이제 당신이 가장 당신 자신이 되는 당신의 중심으로 들어가라. 당신의 내밀한 곳에 계신 당신의 아버지[하느님]께 기도할 수 있는 방으로 들어가라. "변화무쌍한 세상에서 동요가 없는 정점의 빛이 있는 곳", 시편에서 노래하는 내면의 심층, 성체성사에서 우리가 그리스도를 만나는 거룩함 가운데 거룩함으로 들어가라. 당신 자신이 되는 것이 얼마나 좋은지 체험하고, 당신 자신이 "나는 있는 나이다." "나는 나이다." 그리고 "나는 있는 그대로의 내가 되는 것이 좋다."라고 말할 수 있는 것을 체험하라.

하느님의 말씀이 당신 안에서 바로 그것임을 공명(共鳴)하도록 한다.

"우리는 그분 안에서 숨쉬고 움직이며 살아간다."
"여러분이 하느님의 성전이고 하느님의 영께서 여러분 안에 계시다는 사실을 여러분은 모릅니까?"
"네가 하느님의 선물을 알고 너에게 말하는 이가 누구인지 알았더라면"
"내가 너희에게 가겠고 내 아버지께서 너희에게 올것이다. 그러면 우리는 너희 안에 우리가 머물 곳을 마련할 것이다."
"다 여러분의 것입니다. 그리고 여러분은 그리스도의 것이고 그리스도는 하느님의 것입니다."
"여러분은 이미 죽었고, 여러분의 생명은 그리스도와 함께 하느님 안에 숨겨져 있습니다."
"이제는 내가 사는 것이 아니라 그리스도께서 내 안에 사시는 것입니다."

그분의 모상대로 창조된 당신 마음의 심층에서 평화롭게 현존하

라. 우리 각자의 내면에 거룩한 우물이 있다. 이 평화의 우물과 사랑의 우물에 더 깊이 침잠하게 하여라. 그분의 말씀과 성사와 당신 생명 안에 보내져 머무는 사람들을 통하여, 당신 안에서 그분의 현존에서 비롯되어 축적된 것들을 기억하라.

하느님과 함께 기다리고 인내하여라. 집 주인의 발치에 앉아 있는 충실한 사냥견처럼, 대성당의 문간에 있는 거지처럼, 큰 바다에 있는 어부처럼 되어라. 하느님의 영[성령]은 수많은 방법으로 다가올 수 있고, 우리의 마음, 상상력, 기억, 정서와 감정을 통하여 우리에게 다가 올 수 있다. 그분은 우리가 과거를 기억하거나 미래를 예측하는 방법에 영향을 미칠 수 있다. 그분은 우리의 여러가지 갈망과 우리의 신념과 우리의 움직임에 대하여 여러가지 방법으로 영향력을 행사할 수 있다.

그분이 당신의 이름을 부르고, 연장자들을 부르고, 심지어 그의 모든 제자들에게 묻는 새로운 질문들을 경청하라.

"너희는 나를 누구라고 하느냐?"
"너는 나를 사랑하느냐?"
"무엇을 원하느냐, 무엇을 찾고 있느냐?"
"내가 너희에게 무엇을 해주기를 바라느냐?"
"너는 나를 믿느냐?"

그분은 복음의 사건, 묵주기도의 신비, 십자가의 길을 통하여 우리에게 올 수 있다. 우리 각자에게 예수께서는 우리의 제자 직분을 위하여 씨앗이 되고 핵심이 되는 그분의 복음의 어떤 특별한 구절을 주신다. 다른 말씀들은 할 수 없는 우리를 부르는 힘이 있는 말씀들이 있다. 우리에게 그리스도교의 만트라[真言, mantra]를 주시는 분은 성령이시다. 그분은 우리가 기도할 수 있게 해주시고, 생각의 차원에서 저 아래 심장[마음의 깊은 심층]에까지 우리를 데려가는 분이시다. 그곳의 심장은 모든 심장 박동과 함께 살아있다. 사람은 성령으로 가득 차 아버지, 주님, 예수님, 자비, 평화, 빛, 진리, 영광, 거룩함, 오시다, 가시다와 같은 한마디 말씀으로 변모될 수 있다.

할 수 있는 시간을 다 쓰고 마칠 때, 그분이 우리 안에서 행하신 것에 대하여 마음으로 감사의 기도를 드린다. 그리고 우리의 몸을 초월하고, 파장을 낳고, 그분의 현존 안에서 우리와 함께 있는 타자의 현존과 서로 삼투하고 현재하는 우리를 의식해 보자. 우리의 존재와 의식이 확장되어 내가 있는 방의 벽을 넘어 우리의 도시와 국가와 세계로 나아가고 가로질러 가도록 하고, 그분 안에서 그분의 모든 차원과 의식과 마음이 충만해져 뻗어나가는 것을 알도록 하자.

그러면 이제 천천히 우리의 눈을 뜨고 침묵을 유지하며, 당신의 의식의 흐름에 따라 글을 쓴다.

내맡김[포기] - 자신의 기도를 경청하는 연습

우리가 자주 바치는 기도문들은 실제로 그 내용대로 제대로 바치기 쉽지 않은 기도문들이다. 착각(illusion)에 빠지는 것은 삶의 본 영역이 아닐뿐더러, 그것은 위험한 일이다. 그럼에도 우리는 제대로 기도하기 보다 쉽게 착각에 빠진다.

우리가 기도를 중단한 지 오래된 후에 다시 기도를 시작할 때 특정한 기도문들을 읽어나갈 수 있다. 그러나 어떤 의미에서 시편들 그 자체는 기도가 아니다. 성경 그 자체도 기도가 아니고, 성경 독서도 기도가 아니다. 믿음과 희망과 사랑 안에서 응답하는 것이 바로 진정한 기도이지, 단지 읽거나 습관적으로 말하는 것은 기도가 아니다.

시작합니다:

자신을 온전히 내맡기는 기도

아버지,
저를 당신 손에 맡기오니
당신 뜻대로 하시옵소서.
당신께서 어떻게 하시든 저는 감사드릴 뿐입니다.
저는 무엇이든 준비되어 있고, 무엇이든 받아들이겠나이다.

오직 당신의 뜻이 저와
당신의 모든 피조물에게서 이루어진다면
주님, 저는 그 밖에 다른 것은 아무것도 바라지 않나이다.
당신 손에 제 영혼을 맡기나이다.
주님, 당신을 사랑하기에
당신 손에 맡기옵고
이 마음의 사랑을 다하여 당신께 제 영혼을 바치나이다.
남김없이 드리고
끝없이 믿으니
그것은 당신이 제 아버지이시기 때문입니다.

자기를 온전히 내맡기는 기도, 이 기도문을 읽어보자. 이것은 샤

를르 드 푸코(Charles de Foucauld, 1858-1916)가 주님의 기도(Our Father)를 개인적으로 해석하여 바친 기도문이다. 기도말들이 우리 자신의 생각이 되고, 느낌이 되고, 행위가 될 때까지 우리는 기도하지 않는다. 이 기도문에서 당신이 제일 쉽게 기도할 수 있는 부분은 어디였는가? 제일 기도하기 힘든 부분은 어디였는가? 내가 제일 쉽게 기도할 수 있는 부분은 "당신 손에 맡기옵고"였고, 내가 가장 기도하기 쉽지 않았던 부분은 "주님, 당신을 사랑하기에"였다. 나는 그분의 외침을 들을 수 있을 것 같다. "뭐라고!?"

내가 어떤 랍비(Rabbi)와 함께 토론회에 참석한 적이 있었는데, 그때 그가 슬퍼하며 말하는 것을 들은 기억이 있다. "우리는 이천년 동안 그리스도교의 '사랑'에 대하여 들었습니다. 이제 그것을 더 이상 논하지 맙시다." 나는 입에 올리기를 두려워하는 '사랑'이라는 그 말을 경솔하게 저버렸다.

내가 기도하기 어려워하는 또 다른 표현은 "아버지"이다. 나는 내가 그분을 내 아버지로 거의 여기지 않았다는 것을 깨닫기 시작했다. 내 오만과 맹목적인 독립심으로 나는 내 삶이 그분에게 중심을 두지 않고 살았음을 안다.

우리 개개인에게 있는 가장 큰 위험은 우리의 눈과 우리의 발 사이의 간극이고, 우리의 전망(vision)과 우리의 습관 사이의 간극이고, 우리의 생각과 행위 사이의 간극이다. 우리는 한 순간에 먼 산을 바라볼 수 있지만, 실제로 거기에 오르려면 아마 우리의 한평생이 걸릴 것이다. 우리는 우리의 문제에 대한 답변을 알 수 있지만, 그럼에도 우리는 그것을 알려고 하지 않고 여러 해 동안 미룰 수 있다. 샤를르 드 푸코 조차 "내 말들이 내 마음보다 더 위력이 있다."고 말할 수도 있을 것이다.

이러한 생각들에 대한 명상과 실재에 대한 식별, 혹은 그것으로, 내 말을 지지하는 것이 이 기도문으로 기도하는 첫 단계이다.

두번째 단계:

이 기도문을 다시 읽고 명상해 보자. 그런데 이제 '아버지'가 들어갈 자리에 당신과 함께 살고, 함께 일하는 사람들의 이름을 넣어보자 (예:요한, 마리아, 토마스 등). "저를 당신 손에 맡기오니 · · · "이 부분은 당신의 기도에 어떠한 영향을 주는가? 이런 방식으로 당신 자신을 남에게 내맡기는 것이 가능한가? 당신이 말할 수 있는 최대치는 무엇인가? 당신에게 무엇이 가장 어려운가?

내가 발견한 가장 어려운 부분은 "당신 뜻대로 하소서. 당신께서 어떻게 하시든 저는 감사드릴 뿐입니다"하는 부분이다. 기도하기 가장 쉬운 부분은 맨 끝 문장, "그것은 당신이 제 아버지이시기 때문입니다"이다.

우리의 기도문에서 가장 끔찍한 시험은 마태오 복음 25장에 나오는 최후의 심판이다. "너희가 이 가장 작은 이들 가운데 한 사람에게 해 주지 않은 것이 바로 나에게 해 주지 않은 것이다." 예수께서는 자신과 모든 사람을 동일시 하셨는데, 사도 바오로가 체험한 것과 마찬가지로 어떤 순간에도 빛이 비추일 수 있고 그분의 음성을 들을 수 있다. "나는 네가 박해하는 예수다."

우리가 어찌 감히 우리 자신을 온전히 신뢰할 수 있고, 또 우리 자신을 철저히 남에게 내맡길 수 있을까? 우리가 우리 자신을 어떻게 신뢰할 수 있을까? 그들에게 좋은 것이고, 우리에게 좋은 것일까? 우리가 그렇게 철저하게 자신을 내맡긴다면 무슨 일이 생길까? 인간이 될 수 있을까, 그리스도인 홀로 그렇게 하도록 할 수 있을까? 누가 자신을 전적으로 나에게 내맡긴다면, 무슨 일이 생길까? 이것은 완전히 드문 일은 아니다. 실제로 모든 우정, 모든 사랑은 그런 방향으로 움직인다.

우리는 서로 다른 삶 안에서 우리가 가진 놀라운 창조의 힘을 잊고 있다. 누군가 우리를 철저히 전적으로 믿을 때, 그들은 우리가 성장하도록 하고, 그들의 사랑에 부합하도록 하고, 그들이 우리에게 믿는 바 대로 되도록 한다. 우리 각자는 우리 서로가 성장하고 우리가 그들이 믿는 바와 희망하는 바와 사랑하는 바에 부합하여, 그들 자신이 이전에 결코 인식할 수 없었던 새로운 충만함 속에 진입하여 새 사람이 될 수 있도록 하는 놀라운 힘을 가지고 있다. 우리는 다른 사람이 우리 안에 가지고 있는 사랑과 신뢰를 통해 새로운 자아 개념을 발견하니, 우리는 다시 태어난다. 우리는 그러한 사랑과 신뢰에 의하여 놀라게 되고 겸손하게 된다. 우리는 우리에게 요구할 수 없는 우리의 원수들과 낯선 사람들과 함께 아주 편안히 머무를 수 있다. 우리가 우리 자신에게 더 정직 할수록, 그만큼 더 우리가 이렇게 기도하지 못한다는 것을 깨닫는다. 우리는 샤를르 드 푸코의 기도문 그대로 기도할 수 없다.

세번째 단계 :

오직 예수님 만이 이렇게 기도할 수 있다. 오직 예수님 만이 그분의 존재의 가장 심층에서 "아버지"라고 기도할 수 있다. 우리는 "자신을 온전히 내맡기는 기도"를 제대로 바칠 수 없다. 이것은 예수님 만이 바칠 수 있는 기도이다. 그러나 우리가 갈망하면, 예수께서는 우리가 그의 기도를 바칠 수 있도록 가르치고 이끌어 줄 수 있다.

이제 예수께서 당신에게 이 기도를 하는 것을 경청하자. "아버지"와 "주님"의 자리에 당신 자신의 이름을 넣고 예수께서 당신에게 기도하는 것을 경청하고, 그분이 당신을 부르는 방법을 경청하도록 한다. 그분은 일찍이 아무도 당신의 이름을 부르지 않았거나 부르지 않을 당신의 이름을 입에 담아 기도한다. 그분은 오직 그분 만이 당신을 부를 수 있는 방식으로 당신을 부르고, 그분은 그분이 당신 안에 심어서 뿌리내린 완전한 그 무엇을 체험하도록 하는데, 그것은 당신이 그분의 모상[형상]이고, 그분을 닮았기 때문이다.

당신에게 건네는 그분 말씀의 깊이를 경청해 보라.

이것은 당신의 창조의 기도이고, 당신의 존재가 현재하도록 하는 기도이다. 이것은 당신에게 베푸는 그분의 세례의 기도이다. 이것은 그분이 바치고 당신 안에서 매일 행하는 성체성사[성찬]의 기도이다. 이것은 신품성사의 기도이고, 서원[서약]의 기도이고, 혼인식의 기도이고, 제자직의 기도이다. 이것은 그리스도를 모든 세대 안에서 모든 삶의 정황 안에서 선사하는 성인들의 기도이다. ●

켈틱 명상 [본문에 실린 사진 설명]

이 책 <뒷표지>・<들어가는 말>・<옮기고 나서>에 각각 실린 사진은 '켈트 십자기(Celtic Cross)'이다. "켈트 십자가는 두 개의 나무막대가 교차되는 지점에 하나의 원을 지닌다. 아이오나 십자가(Cross of IONA)라는 이름으로도 불리는데, 이는 이 십자가 형태가 6세기 경 아일랜드 아이오나 섬에서 왔기 때문인 것으로 보인다. 전설에 따르면 바드리시오 성인(St. Patrick)이 이교도의 달의 여신의 상징을 통합하기 위해 '라틴 십자가(Latin Cross)'에 원을 그려넣어 켈트 십자가를 만들었다"고 한다. 아일랜드 지역을 둘러보다 보면, 옛 수도원이나 성당 유적지 등에 큰 돌로 조각된 켈트 십자가들이 서 있는 모습을 목격할 수 있다.

11쪽 사진: 바드리시오 성인(St. Patricius)이다. 한국 천주교 신자들에게 흔히 '성 바드리시오'로 알려져 있으며, 영어권에서 세인트 패트릭(St. Patrick)으로 널리 알려져 있다(이 성인에 대한 소개는 본문 13쪽 역주 참조).

15쪽 사진: 아일랜드 북서쪽 대서양을 마주하고 있는 슬라이고 카운티에 있는 스트랜드힐(Strandhill) 해변으로, 2014년 4월 하순 어느 날 해질녘 썰물 때 해변의 모습이다. 썰물 뒤 군데군데 고인 바닷물과 바다 물을 촉촉이 머금은 모래밭에 햇빛이 퍼져 나간다.

23쪽 사진: 눈이 시리게 푸른 하늘에 흰구름 떼가 몰려가는 2014년 4월 어느 날 슬라이고 카운티 홀리 힐 은둔소의 짙은 녹색 물이 오른 울타리 나무들이 세찬 바람을 맞고 있는 정경이다.

30쪽 사진: 2014년 5월 중순 슬라이고 시를 에워싸고 있는 벤불벤(Benbulbin) 산 아래쪽이다. 좌우로 길게 자동차가 지나갈 수 있는 도로가 있고, 그 가운데 거뭇거뭇한 것들이 이곳 소택지(bog)에서 연료로 쓰이는 이탄(peat)을 삽으로 캐서 뒤집어 말리고 있는 정경이다.

37쪽 사진: 2014년 5월 초순 표지 사진에 실린 이스키 호수(Lough Easkey)에서 15킬로미터 떨어진 탈트 호수(Lough Talt)의 적막한 기운이 감도는 늦은 오후 모습이다.

45쪽 사진: 내가 두달간(2014년4월8일~6월8일) 머문 홀리 힐 은둔소 대문 오른쪽 돌담이다. 두터운 나무 판자 위에 HOLY HiLL HERMiTAGE(홀리 힐 은둔소) 라 새겨져 있고, 그 아래 'BE STILL AND KNOW THAT I AM GOD' PS. 46:10 ('너희는 멈추고 내가 하느님임을 알아라' 시편46,10)이라는 시편 글귀가 새겨져 있다.

55쪽 사진: 슬라이고 카운티에 있는 스트랜드힐(Strandhill) 해변이다(15쪽 사진 설명 참조). 바다물결 자국이 남은 모래 해변으로, 사막의 이미지를 드러내 보여 준다.

65쪽 사진: 2014년 4월 슬라이고 카운티 스크린에 있는 홀리 힐 은둔소에 피어오른 야생 벚꽃이다.

73쪽 사진: "1895년에 설립된 천주교 대구대교구 가실본당(경상북도 칠곡군 왜관읍 낙산리 소재) 성당 내부의 창문들은 독일의 유명한 스테인드글라스 장인 에기노 바이너트(Egino Weinert, 1920-2012)가 제작한 스테인드글라스로 장식되었다. 이 성당 주보 성인은 성녀 안나(마리아의 어머니)이다. 에기노 바이너트씨는 이 성당 제대의 감실도 만들었는데, 그 감실은 바로 칠보(七寶, 유리질의 유약을 녹여 무늬를 내는 공예)로 만들었다." 이 책 73쪽의 사진이 바로 그 감실 사진이며, 루카 복음 24,13~35의 이야기를 형상화한 작품으로, 예수께서 함께하는 이들과 빵을 나누어 먹는 모습의 이 작품 제목은 '엠마오로 가는 길에서'이다.

91쪽 사진: 2016년 9월 모잠비크를 방문했을 때 만난 그곳 어린이들이다. 비록 가난한 환경에서 살아가는 어린이들이나, 무척 밝고 쾌활한 모습이 인상적이다.

99쪽 사진: 2016년 9월 모잠비크를 방문했을 때, 그곳에서 선교사로 살아가는 우리 회(한국외방선교회) 신부님들과 그곳 펨바(Pemba)에 있는 피정센터에서 사도직을 수행하는 수녀님들이다. 같은 하느님의 자녀로서 우리는 인종과 언어와 국경의 경계를 넘어선 한 형제자매다.

109쪽 사진: 2016년 7월 하순 중국 허난성(河南省) 탕허시엔(唐河縣)에 있는 고 장야오시엔(張耀先) 몬시뇰 고향을 방문하여, 그곳에서 사는 고인의 가족들과 함께했다. 고 장야오시엔 몬시뇰은 예전에 현재 내가 사목하는 타이완 신주(新竹) 교구 샹산(香山) 삼위일체 성당(天主聖三堂)에서 10년간 본당 주임으로 사목 하기도 했다.

117쪽 사진: 눈이 시리게 푸른 하늘을 향해 큰 얼굴을 내밀고 있는 해바라기를 바라보는 것은 무척 상쾌하고 즐거운 일이다. 이 사진은 2004년 8월 샌프란시스코 39호 부두(Pier 39)를 지나가다 눈길을 끌어 찍은 것이다. 오랫동안 내 파일에 남겨진 사진 가운데 한 장이다.

129쪽 사진: 2014년 6월 초순 슬라이고 카운티 던모란 해변가(Dunmoran Beach)를 따라 야트막한 구릉을 끼고 이어진 길이다. 이곳에서 한나절을 있어도 지나가는 차를 몇 대 볼 수 없을 정도로 한적한 시골 해변 도로다.

133쪽 사진: 앞의 37쪽 사진에서 본 바로 그 탈트 호수가에서 찍은 것이다. 때는 역시 2014년 5월 초순으로 이스키 호수(Lough Easkey)에서 15킬로미터 떨어져 있는 이 탈트 호수는 이스키 호수와 같이 걸어서 호수를 한 바퀴 돌 수 있다. 그 중간에 이와 같이 쉬어갈 수 있는 곳이 있고, 그 주변에는 풀을 뜯는 양들도 볼 수 있다. 역시 적막하고 한가함이 묻어나는 호숫가의 늦은 오후 정경이다.

137쪽 사진: 30년 전(1989년) 남미 페루를 방문했을 때, 그곳 소개 책자 표지에 실렸던 잉카(Inca)의 얼굴이다.

139쪽 사진: 슬라이고시 북쪽을 병풍처럼 둘러친 벤불벤(Benbulbin) 산행을 하고 내려오는 길목이다.

143쪽 사진: 2014년 8월 하순, 캐나다 몬트리올 마운트 로얄의 성 요셉 성당(Saint Joseph's Oratory of Mount Royal) 내부에 있는 몇개의 문 가운데 하나다. 이러한 문을 중심으로 안팎의 경계가 생기고, 이쪽과 저쪽을 가른다. 그러나 어두움 속에서는 이런 경계도 그 의미를 상실하게 된다.

151쪽 사진: 내가 사목하는 타이완 신주 교구 샹산의 삼위일체 성당 성목요일 세족례 장면이다.

157쪽 사진: 2014년 4월 어느날 홀리 힐 내 은둔소에서 지핀 벽난로 불이 활활 타오르는 정경이다. 여기 주 연료가 아일랜드 습지에서 캐낸 이탄(泥炭)이다. 불이 쉽게 붙지 않으나, 한 번 불이 붙으면 화력이 대단하다.

159쪽 사진: 2014년 두달간 홀리 힐에 머물 때 알게된 70대 초반의 도예가 패디(Paddy)의 도움으로 난생 처음 물레를 사용하여 빚은 도자기다. 하필 내가 그 곳을 떠나기 이틀 전에 빚어서 유약까지 발랐는데, 미처 충분히 말리고 구워낼 시간이 없었다. 나중에 그가 잘 말리고 구워내서 내가 사는 타이완으로 보내왔다.

163쪽 사진: 2014년 캐나다 몬트리올 주교좌 성당 외벽에 걸린 대형 걸게 그림이다.

166쪽 사진: 2014년 8월 29일 해진 뒤 방문한 퀘벡(Quebec) 구시가지 로어 타운(Lower Town)의 로열 광장(Place Royale)에 있는 승리의 노트르담 성당(Notre-Dame des Victoires)의 야경. 이 조그만 성당은 캐나다에서 돌로 지은 가장 오래된 유서깊은 성당이다.

174쪽 사진: 홀리 힐 은둔소의 본채(Main House) 앞에서 내려다 본 전경이다. 맞은편 12시에서 2시 방향으로 펼쳐진 나무 숲 아래 쪽으로 수량이 제법 풍부한 시냇물이 흐르고, 그 시냇가를 따라 내려가며 작은 은둔소 몇 채가 자리하고 있다. ●

옮기고 나서

자연과 일상! 이 둘은 우리가 살아가는데 절대로 필요한 환경이요, 우리의 삶이 펼쳐지는 마당(場)이다. 그 안에서 우리는 숨 쉬고, 먹고, 일하고, 쉬고, 관계를 맺으며 산다.

창세기 첫머리에 나오는 세상 창조 이야기는 이러하다. "한 처음에 하느님께서 하늘과 땅을 창조하셨다." "하느님께서 보시니 손수 만드신 모든 것이 참 좋았다. 저녁이 되고 아침이 되니 엿새날이 지났다." 그리고 "하느님께서는 하시던 일을 이렛날에 다 이루셨다. 그분께서는 하시던 일을 모두 마치시고 이렛날에 쉬셨다."

창조와 휴식! 일과 쉼! 이와 같은 삶은 하느님이 계시(啟示)한 삶을 그대로 본 뜻 것이 아닌가! 이 책 『영적 감수성을 키우는 켈틱 명상』 - 원제『켈틱 명상-감사의 순간들, 성찬으로의 초대』- 은 우리의 삶을 애워싸고 관통하는 자연과 일상에서 경험하는 것들에 대한 명상 모음집이다. '켈틱 명상'은 모든 낯선 것에 대하여 경이로움과 호기심을 지니고 접근하는 어린이와 같은 감수성을 회복하여, 일상에서 직면하는 것들을 하나 하나 깊이 의식하고 만나는 일인가 하면, 서두르지 않고 그 하나 하나를 천천히 음미하는 행위이다. 뿐만 아니라 그러한 과정에서 명상하는 것과 일체감을 형성하고 감사와 찬탄을 드러내는 일이기도 하다.

이처럼 여기에 수록된 명상들을 통하여, 우리는 이른바 켈틱 전통과 영성에 기초한 명상이 어떠한지 실제로 어느 정도 체득할 수 있을 것이다. 마치 창조의 매 단계 마다 "하느님께서 보시니 좋았다"고 하신 것처럼, 나의 일상과 환경 안에서 하느님의 창조의 손길과 숨결을 감지하고, 그분의 생명의 기운을 느낄 수 있다면, 그 얼마나 뿌듯하고 기쁜 일이 아닐 수 있으랴.

우리 모두는 하느님의 자녀가 아닌가. 그러니 이제 어린이들의 오감(五感)과 그들의 열린 마음을 지니고, 그분께서 창조하신 대자연 곧 삼라만상에 내재된 하느님의 자취를 맛보고, 내 일상에서 겪는 소소한 것들에 내재된 그윽한 하느님 현존의 기운 안에 잠겨보자. 이 켈틱 명상 모음집은 우리에게 바로 그러한 경험과 영감을 제공하고, 자연과 일상에 내재하고 현존하는 하느님을 우리가 어떻게 깊이 의식하고 체험할 수 있는지를 드러내준다.

2019년 부활절
타이완 신주台灣 新竹에서
양재오 보나벤투라 신부

지은이 _ 에드워드 J. 패럴 신부

1931년에 미국 디트로이트에서 태어나서, 1956년에 디트로이트 대교구 사제로 서품되었다. 그리고 2006년 향년 75세로 세상을 떠났다. 그는 일찍이 디트로이트 대교구 성심 대신학교(Sacred Heart Major Seminary)에서 사제 양성에 참여했는데, 특히 신학생 영성 지도 신부로 오랫동안 봉직했다. 또한 그는 교구내 여러 본당에서 사목자로 종사하여 풍부한 사목 경험을 지녔고, 거기에 더하여 유능한 피정 지도자(Retreat Master)로 활동했다.

사제 양성과 본당 사목 그리고 피정 지도에 두루 종사하는 가운데 쓰인 그의 영성 작품은 역동적이고 실제적이라는 평가를 받는데, 독자들은 그의 영성 작품을 통하여 자신의 삶에서 하느님을 가까이 느끼고 체험할 수 있도록 영감을 얻고 고무된다.

그의 첫 작품 Prayer is a Hunger(Dimension Books,1972)와 이 책은 그가 왕성하게 저술 활동을 하던 그의 나이 40대에 쓰인 작품이다. 그리고 그가 남긴 마지막 책은 그가 세상을 떠나기 5년 전에 쓴 No One Else Can Sing My Song(Alba House,2001)이다. 그가 쓴 9권의 책과 1권의 공저 가운데 독자들이 영성 고전(spiritual classics)으로 꼽는 작품으로는 Gathering the Fragments, Little Banquets for Ordinary People, Beams of Prayer(with Lynn Salata) 등이 있다.

옮긴이 _ 양재오 신부

1987년 혜화동 낙산에 있는 서울 대신학교(가톨릭대학교 신학대학)에서 사제 수업을 마치고, 1989년 한국외방선교회 Korean Missionary Society 사제로 서품되었다. 그 뒤 서강대학교 대학원(1990~1993)에서 종교학을 전공했다. 한국외방선교회 신학원장과 수련장을 역임하고, 1996년 타이완에 파견되어 신주新竹 교구 바오산寶山·신펑新豐·츙린芎林·신푸新埔 등지를 거쳐, 지금은 샹산香山의 삼위일체성당天主聖三堂 주임신부로 봉직한다. 논문으로 〈불교 인식론의 변증법적 전개 과정에 관한 고찰〉, 〈지장 신앙의 이해〉, 〈불교 보살 신앙의 그리스도교적 이해〉등이 있다. 지은 책으로《내 마음속에 숨은 우상들》,《무엇이 우리의 마음을 지배하는가》,《하루를 영원처럼》,《지금도, 바람이 분다》, 옮긴 책으로《창조적 충돌》이 있다.

켈트족 그리고 켈트 토양

글. 양재오 신부

켈트(The Clets)는 기원전 6세기부터 기원전 1세기까지 유럽의 지배 문화였다. 그 절정기의 '켈트 세계'는 서쪽으로는 영국과 그 부속 도서에서부터 동쪽으로는 소아시아[오늘날의 터어키]에까지 펼쳐졌다. 켈트는 지금의 유럽을 형성하는데 크게 기여했고, 수많은 강과 산과 도시[예: 런던, 더블린, 밀라노, 파리 등]의 이름이 원래 켈트어에서 유래되었다. 켈트는 고대 인도-유럽어(Indo-European languages)를 사용하는데, 이를테면 오늘날 영국과 그 부속 도서, 아일랜드, 스코틀랜드 그리고 웨일즈에 이르기까지, 그리고 더 나아가 오늘날 프랑스를 중심으로한 지역에 이르기까지 유럽대륙이 켈트 언어와 문화권에 속했다.

이처럼 방대한 지역이 과거 켈트 문화권에 속했으나, 로마 제국의 세력이 확대되면서, 켈트 문화권은 점차 서쪽으로 밀려나게 되었고, 오늘날에는 아일랜드 • 스코틀랜드 • 웨일즈 일대로 그 영역이 축소되었다. 그래서 혹자는 아메리카 원주민(Native American tribes)에 빗대어, 켈트족을 유럽 원주민(European Aborigines)이라 부르기도 한다. 이를테면 유럽인들에 의하여 아메리카 원주민들의 땅이 정복되고 그곳에 유럽문화가 이식된 것처럼, 승승장구한 로마제국의 세력에 의하여 밀려난 켈트 문화권이 로마 문화권으로 대체 되었기 때문이다. 아메리카 인디언들이 주류에서 주변부로 밀려난 것처럼, 유럽의 주류였던 켈트족이 주변부로 밀려난 형국이 흡사하다.

켈트족은 언제나 그들 본래의 활기 넘치는 인생관을 가지고 있다. 켈트족은 우주에 존재하는 많은 차원에 대하여 매우 섬세하고 예민하다. 그들은 감각의 세계와 요정들・신들・여신들・조상들・신령들 같은 내세 혹은 공상의 세계라는 두 세계에 공존하는 다양한 차원의 연결 고리[관계]가 그들의 생동하는 관계를 통하여 드러난다. 이러한 많은 차원과 존재 양식에 관련된 것들을 받아들임으로써, 그들의 세계는 넓고 풍요롭다. 우리는 켈트의 예술과 신화를 통하여 그러한 모습을 엿보고 맛볼 수 있다. 어머니 여신(The Mother Goddess)은 모든 켈트의 토양에서 강하게 현존하고, 켈트 세계를 통하여 나타난다.

켈트족에게 땅 자체는 살아있는 성스러운 실체[존재]였다. 켈트족은 땅・바람・물・나무들・동물들 그리고 심지어 돌[바위]들에 이르기까지, 그것들에게서 신성한 그 무엇을 느꼈다. 사실 그들에게 온 우주는 성스러운 신비로 여겨졌다. 신들과 여신들은 그들의 삶의 모든 국면에서 멀리 떨어져 있지 않았기 때문에, 그들은 신들과 접촉하는 것을 어렵다고 느끼지 않았다. 신들과 사람들 사이의 이러한 복합적이고 유동적인 관계는 그들의 삶 안에서 성스러운 힘으로서의 자연의 상징으로 표현된다.

켈틱 세계에서 땅과 땅에 내재된 힘[에너지]에 대한 신성함의 인식은 오늘날에도 여전하다. 신화와 상징은 우리가 실재들(realities)의 관계를 탐구하고, 우리의 일상의 삶이 균형과 조화를 이루어 나갈 수 있도록 우리 내면의 깊은 곳에 있는 실재들을 발견하는데 도움을 준다.

켈트 예술과 상징들은 그 신비와 그것들 자체가 사람을 끌어당기는 그 무언가를 가지고 있다. 그 자체에 내재된 아름다움[美]과 초기 그리스도인들이 남긴 켈트 필사본들(manuscripts)과 돌에 새긴 것들(stone carvings)을 통하여, 오늘날 우리가 성스러운 고대 예술의 모습[형태]이 어떠한지를 알게 해준다. 초기 켈트 그리스도인들이 남긴 필사본들, 이를테면 린디스판(Lindisfarne) 복음서들과 9세기 초에 완성된 라틴어 복음서로 켈트적인 채식 사본(彩飾寫本)으로 제작된 이름하여 '켈스서'(Book of Kells)를 통하여, 그리스도교 복음이 켈트의 예술과 상징 세계와 어떻게 접목 되었는지 엿볼 수 있다.

끝으로, 이른바 '켈틱 영성'(Celtic Spirituality)이라는 것도 그리스도의 복음의 씨앗이 바로 이러한 켈트 토양과 문화에 뿌려지고 자라나고 꽃을 피운 결과물이라 할 수 있다. '켈틱 명상'이라는 제목으로 이 책에 소개된 몇 가지 주제를 통하여, 우리는 어떤 의미에서 켈틱 영성의 한 면모를 엿보고 맛볼 수 있다.

■ 참고 자료

Celtic Christianity: A Sacred Tradition, a Vision of Hope by Timothy J. Joyce,OSB(Orbis Book:1998)
Celtic Art: An Introduction To Celtic Art and Symbols by W. Jim Murray(Don and Trina Davenport:1992)